¡PELIGRO! EL LIBRO DE LOS DINOSAURIOS

Ediciones MAAN, S. A. de C. V.
Nicolás San Juan 1043
03100, Ciudad de México

1.ª edición, octubre 2016.

The Dangerous Book of Dinosaurs
Liz Miles
Copyright © 2015 Arcturus Publishing Limited
26/27 Bickels Yard, 151-153 Bermondsey Street,
London SE1 3HA

© 2016, Ediciones MAAN, S. A. de C. V.
Ediciones MAAN, S. A de C. V. sello editorial infantil de
Grupo Editorial Tomo S. A. de C. V.
Nicolás San Juan 1043, Int. 1 Col. Del Valle
03100, Ciudad de México.
Tels. 5575-6615, 5575-8701 y 5575-0186 Fax. 5575-6695
ISBN-13: 978-607-720-154-0
Miembro de la Cámara Nacional de
la Industria Editorial N.° 3647

Traducción: Francisco Emrick Velarde
Diseño de portada en español: Karla Silva
Editores en inglés: Joe Harris, Alex Woolf y Joe Fullman
Diseñadora en inglés: Emma Randall
Diseño original y diseño de la portada en inglés: Notion Design
Formación tipográfica: Armando Hernández R.
Supervisor de producción: Leonardo Figueroa

Créditos de las imágenes:
Clave: b-abajo, m-medio, l-izquierda, r-derecha, t-arriba
Todas las imágenes de pixel-shack.com excepto:
Shutterstock: p6, br, bl; p7 br; p8 bl; p9 mr; p11 br; p13 bl; p15 t; p19 tr; p21 br; p25 tr; p25 m; p28 br; p35 tr; p53 br; p55 cr; p65 b; p71 br; p89; br; p91 mr; p105 br; p109 br; p111 br; p112 br; p123 br.
Wikipedia Commons: p45 br; p51 br; p59 br; p79 tl; p96 ml; p103 t.

Derechos reservados conforme a la ley.
Ninguna parte de esta publicación podrá ser reproducida o transmitida en cualquier forma, o por cualquier medio electrónico o mecánico, incluyendo fotocopiado, audio, etc., sin autorización por escrito del editor titular del *Copyright*.

Este libro se publicó conforme al contrato establecido entre *Arcturus Publishing Limited*, Ediciones MAAN S. A. de C. V. y *Grupo Editorial Tomo, S. A. de C. V.*

Impreso en México - *Printed in Mexico*

CONTENIDO

UN PLANETA DE DINOSAURIOS 4

DINOSAURIOS ASESINOS 26

DINOSAURIOS DEFENSORES 46

RÉCORDS ROTOS 66

CIELOS SALVAJES 86

MONSTRUOS MARINOS 106

GLOSARIO 126

ÍNDICE TEMÁTICO 128

UN PLANETA DE DINOSAURIOS

Los dinosaurios fueron un grupo de reptiles que dominaron la Tierra durante más de 160 millones de años. Abarcaban desde los cazadores gigantes, como los espinosaurios, hasta los pequeños dinosaurios veloces, como el compsognathus (comp-sog-nath-os).

Los dinosaurios herbívoros, es decir, los que se alimentaban de plantas, se encontraban en constante peligro debido a los carnívoros salvajes. Algunos dinosaurios, como el hadrosaurio, pastaban en manadas. Otros, como el euoplocéfalo, probablemente eran muy solitarios.

Algunos de los dinosaurios más conocidos y terroríficos, como el temido cazador, el tiranosaurio rex y el cornudo triceratops, acecharon la Tierra durante el periodo Cretácico.

Un asteroide cruza a toda velocidad por el cielo en dirección a la Tierra, donde extinguirá a los dinosaurios. (p.20).

Otros monstruos prehistóricos

Los dinosaurios pueden haber dominado la Tierra, pero no eran las únicas criaturas que habitaban en este planeta. Los dinosaurios convivieron con insectos, mamíferos y otros reptiles.

Durante la era de los dinosaurios, el terrible pterosaurio (lagarto volador) dominó los cielos, en tanto que los océanos estaban infestados con fantásticos monstruos marinos, como reptiles agresivos, calamares monstruosos y tiburones gigantes.

Mucho tiempo después, hace unos 65 millones de años, de forma misteriosa, todos los dinosaurios, junto con muchas otras criaturas, fueron eliminados repentinamente de la faz de la Tierra.

UN PLANETA EN CAMBIO CONSTANTE
LA HISTORIA DE NUESTRO DINÁMICO PLANETA

UN PLANETA ROJO Y ARDIENTE
Hace 4500 millones de años, este planeta no tenía tierras, océanos, atmósfera o vida. Golpeado por meteoritos, se volvió cada vez más y más caliente hasta que se fundió casi en su totalidad. Sin embargo, lentamente, el gas del interior se filtró al exterior y se formó una atmósfera. Hace unos 3800 millones de años, los océanos comenzaron a aparecer.

EL AMANECER DE LA VIDA
Unos 3500 millones de años atrás, la mayor parte de la superficie de la Tierra era un enorme océano con poca profundidad. Fue aquí que surgieron las primeras formas de vida unicelular. La vida pluricelular más compleja no evolucionaría durante otros 2000 millones de años.

En la actualidad la Tierra es muy diferente al lugar donde los dinosaurios alguna vez rondaban. Nuestro mundo quizá pueda parecer no tener cambios, pero en realidad se encuentra en un estado constante de cambio gradual. La superficie del planeta está formada de enormes placas que flotan en una masa de roca fundida (líquida). Durante el transcurso de millones de años, las placas se han movido lentamente, ocasionando que los continentes se transformen, las montañas se eleven y los océanos crezcan y se reduzcan. Los fósiles encontrados nos muestran que las masas de tierra tenían una conformación muy diferente en las épocas prehistóricas.

LA ERA DE LOS DINOSAURIOS

Las masas de tierra surgieron lentamente. Cuando los dinosaurios aparecieron por primera vez hace unos 225 millones de años (en el periodo Triásico) todos los continentes eran una sola masa de tierra gigante, es decir, un "súper continente". Para la época en que se extinguieron los dinosaurios (al final del periodo Cretácico, hace unos 65 millones de años), la masa de tierra se había dividido en continentes, los cuales nos parecerían similares a los actuales.

EL MUNDO MODERNO

La Tierra de hoy en día continúa cambiando. Los continentes todavía están en movimiento, algunas especies se extinguen y nuevas evolucionan.

CRONOLOGÍA
DE LA VIDA EN LA TIERRA

Los científicos han dividido los miles de millones de años de la era prehistórica en varios periodos. Los dinosaurios vivieron en los periodos Triásico, Cretácico y Jurásico, mientras los humanos modernos evolucionaron en el periodo Cuaternario.

← CÁMBRICO
541-485 m. a.:
Las formas de vida se volvieron más complejas.

↓ SILÚRICO
443-419 m. a.:
Aparecen las primeras criaturas en tierra.

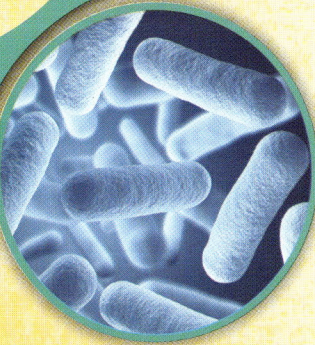

↑ PRECÁMBRICO
4570-541 millones de años antes (m. a.):
Aparecieron las primeras formas de vida. Eran criaturas diminutas y unicelulares.

↑ ORDOVÍCICO
485-443 m. a.:
Los artrópodos (criaturas con exoesqueletos) dominaron los mares. Las plantas colonizaron la tierra.

↑ DEVÓNICO
419-359 m. a.: Aparecen los primeros insectos. Los peces dominan los mares.

↓ CRETÁCICO
145-65 m. a.: El espinosaurio y el tiranosaurio rex evolucionan. Ocurre la extinción de los dinosaurios.

↘ CUATERNARIO
2.6 m. a.- al presente: Los mamuts lanudos rondan por la Tierra. Los seres humanos modernos evolucionan.

← PALEÓGENO/ NEÓGENO
65-2.6 m. a.: Surgen muchas especies de mamíferos gigantes.

↓ TRIÁSICO
252-201 m. a.: Aparecen los primeros dinosaurios.

↑ JURÁSICO
201-145 m. a.: Evolucionan los dinosaurios más grandes.

↑ PRESENTE

← PÉRMICO
299-252 m. a.: Evolucionan los primeros terápsidos (ancestros de los mamíferos).

← CARBONÍFERO
359-299 m. a.: Aparecen los primeros reptiles. Enormes bosques cubren la tierra.

LAS CRIATURAS BAJO EL AGUA

Los antiguos mares estaban repletos de vida marina millones de años antes de que los dinosaurios deambularan por la Tierra. Las primeras criaturas que vivieron en los océanos eran formas de vida unicelulares. Estas fueron seguidas por extraños organismos pluricelulares. Estos evolucionaron de forma gradual a criaturas marinas de aspecto terrorífico, que se arrastraban, escarbaban y cazaban para conseguir alimento.

MONSTRUO DE CINCO OJOS

La opabinia, del tamaño de la palma de la mano, tenía cinco ojos y vivía en los océanos cámbricos. Quizá haya pasado una gran parte del tiempo escarbando en el lodo del fondo marino para cazar gusanos. Su larga probóscide (trompa u órgano que se extendía desde su rostro) tenía espinas sujetadoras.

GRAN DEPREDADOR

El anomalocaris, cuyo nombre significa "camarón anormal", era un depredador grande y peligroso. Buscaba a su presa con sus dos ojos compuestos (cada uno con varios miles de lentes) acechando. Llegaba a medir hasta dos metros de largo y seguramente tenía una apariencia aterradora. La boca estaba formada con placas trituradoras que rodeaban unos dientes cortantes. Las tenazas armadas con espinas que tenía alrededor de la boca, capturaban a su presa y la jalaban para meterla en su garganta con púas.

MARES MISTERIOSOS

Entre 635 y 545 millones de años atrás, la vida animal se desarrolló de formas unicelulares a formas pluricelulares invertebradas. No conocemos mucho acerca de las primeras criaturas marinas, ya que no tenían conchas duras o esqueletos, solamente sobreviven algunos cuantos fósiles. Muchas de ellas quizá tuvieron la apariencia de masas suaves o algo similar a los gusanos marinos, las medusas y las plumas de mar de la actualidad.

DETECTIVES DEL TIEMPO

Los fósiles marinos por lo general provienen de criaturas que tenían conchas, esqueletos o exoesqueletos. En ocasiones se encuentran antiguos lechos marinos, cuando los ríos atraviesan rocas de épocas muy antiguas (como el Gran Cañón, en Estados Unidos). Los científicos pueden calcular la edad de los fósiles por la capa de roca en la que se encuentran, mientras más profundo estén enterrados, más antiguos serán.

EMERGIENDO A LA TIERRA

Con el tiempo los peces comenzaron a aventurarse a vivir en la tierra, evolucionando las características del cuerpo de anfibios a algunas otras como pulmones para respirar y cuatro patas que los ayudaran a moverse. Nadie sabe por qué algunos fueron a tierra. Quizá fue para escapar de los hambrientos artrópodos o quizá quedaron atrapados en estanques que se estaban secando.

Las primeras criaturas de tierra similares a peces pudieron haber llegado a tierra en el periodo Devónico. Podrían haberse arrastrado sobre unas aletas adaptadas, como los peces saltarines del fango de hoy en día. Lo que sí es cierto, es que los anfibios de cuatro patas, como los eryops, se desarrollaron en fecha posterior.

¡FAUCES BIEN ABIERTAS!

Hace unos 290 millones de años, el eryops estaba al acecho en las aguas; era un anfibio enorme y fuerte y uno de los principales depredadores del periodo Pérmico. No tenía dientes para masticar pero sí tenía unas fauces muy anchas que abría por completo. Debe haber atrapado a su presa y quizá lo apretaba por el cuello en el aire, hasta que moría, usando los dientes especiales colocados en el paladar de su mandíbula. Después, habría engullido a la criatura completa, como un cocodrilo.

HOLGAZÁN DEL FANGO

El ictiostega vivió antes que el eryops, al final del periodo Devónico. Era una rara mezcla de pez y anfibio. Tenía una aleta al final de su cola, pero también tenía huesos en las piernas y las patas. Las patas traseras eran usadas como remos y las extremidades frontales eran lo suficiente fuertes para permitirle arrastrarse por la orilla y echarse en el fango como un pez saltarín del lodo de nuestros días. Tenía pulmones que le permitían respirar aire por cortos lapsos de tiempo.

DETECTIVES DEL TIEMPO

Ya que las huellas de las aletas de los peces y las huellas de pisadas de los anfibios cuadrúpedos se ven muy diferentes, las huellas de pisadas fósiles son una pista importante para ayudarnos a encontrar cuándo emergieron de las aguas las primeras criaturas. En Polonia, se encontraron huellas fósiles de pisadas con dedos de hace 395 millones de años y se cree que esta puede ser la evidencia más antigua de las criaturas anfibias caminando sobre tierra firme.

LOS PRIMEROS REPTILES

FIEROS ANCESTROS

Con el transcurso del tiempo, el clima se volvió más seco. Los vastos y pantanosos bosques del periodo Carbonífero desaparecieron. Los anfibios sufrieron debido a que necesitaban poner sus huevos en el agua. Sin embargo, algunos evolucionaron y se convirtieron en reptiles, los cuales pudieron sobrevivir y prosperar debido a que pudieron poner sus huevos en la tierra.

Los primeros reptiles incluyeron a los devoradores de peces con dientes mortales, como el ophiacodon. Algunos, como el dimetrodón, que surgió después, tenía una espectacular aleta que crecía en su lomo.

DIENTES DE SERPIENTE

El ophiacodon, cuyo nombre significa "dientes de serpiente", fue uno de los primeros reptiles que habitaron en tierra. Vivió al final del periodo Carbonífero y al principio del Pérmico, y es probable que pasara una gran cantidad de tiempo en el agua, atrapando peces con su hilera de pequeños y afilados dientes. Es posible que también cazara anfibios en la playa, incluyendo a su pequeño primo herbívoro, el edafosaurio. Al medir unos 3.4 metros de largo, el ophiacodon era un gran cazador con una mordida poderosa, y el único animal que podía vencerlo era otro ophiacodon.

ALETA DORSAL

El dimetrodón era un fiero carnívoro que acechaba en tierra en busca de su presa, 50 millones de años antes de que aparecieran los dinosaurios. Era la mayor criatura y, probablemente, la más agresiva de su época. Nadie sabe con exactitud para qué le servía la enorme aleta que traía en la espalda. Quizá podría haberla utilizado para atemorizar a sus contrincantes y almacenar el calor del sol cuando la temperatura era fría. En los días calurosos podría haberse utilizado como el radiador de un coche, para enfriar a la criatura.

DIMETRODÓN

INFORMACIÓN VITAL

Significado del nombre: Dos formas de dientes.

Familia: *Sphenacodontidae*.

Periodo: Pérmico inferior.

Tamaño: De 1.7 a 4.6 metros de longitud.

Peso: Hasta unos 250 kilos.

Característica distintiva: Una larga y delgada aleta en el lomo.

Dieta: Carne e insectos.

VELA PARA NAVEGAR POR LA TIERRA
Unas espinas cubiertas con piel crecían de la espina dorsal del dimetrodón para formar una especie de vela.

PERSEGUIDOR RÁPIDO
Sus patas, que sobresalían a ambos lados de su cuerpo, le permitían moverse rápido. Era probable que a los anfibios y los reptiles que cazaba les resultara difícil escapar de su ataque.

DEVORADOR DE CARNE
El dimetrodón tenía dos tipos de dientes, unos agudos y otros aserrados. Los dientes aserrados eran como cuchillos para carne, ideales para despedazar la carne de su víctima.

LOS PRIMEROS DINOSAURIOS
CAZADORES HAMBRIENTOS

Los dinosaurios evolucionaron de los reptiles y aparecieron por primera vez en el periodo Triásico. Los primeros dinosaurios ya tenían muchas de las características mortíferas de los dinosaurios posteriores, los más famosos carnívoros devoradores. Poseían dedos con garras curvadas, dientes filosos y mandíbulas desarrolladas para mantener atrapada a una presa que intentara escapar.

PRIMEROS FÓSILES DESCUBIERTOS

Los fósiles de los primeros dinosaurios, tal como el eoraptor, se encontraron en Argentina. Sin embargo, estos no eran los principales depredadores, por ejemplo, el carnívoro herrerasaurio, quizá haya sido tan solo una presa de un monstruo más grande.

Asaltante del amanecer

A pesar de que uno de los primeros dinosaurios, el eoraptor, tenía el tamaño de un zorro, se parecía mucho a los dinosaurios cazadores que aparecieron en el periodo Jurásico, millones de años después. Caminaba erguido en dos patas y tenía mandíbulas de carnívoro. Sus dientes eran pequeños pero muy filosos y estaban curvados hacia atrás, así que podían asestar una horrible mordida. Su nombre significa "saqueador del amanecer".

DIENTES LARGOS

El herrerasaurio medía cinco metros de altura, con dientes de más del doble de tamaño que los dientes de los seres humanos y con forma de sierras para poder cortar. También estaba provisto con garras filosas al final de sus extremidades con tres dedos. Es probable que haya tenido un buen sentido del oído que lo ayudaba a encontrar a sus presas y también le permitía escuchar a algún agresor que compartiera los mismos territorios, como un carnívoro parecido a un cocodrilo gigante llamado saurosuchus.

PRIMER MASTICADOR DE PLANTAS

Uno de los primeros dinosaurios masticadores de plantas fue el tecodontosaurio, el cual tenía dientes pequeños para cortar plantas y caminaba en cuatro patas. Era tan alto como un humano adulto y masticaba las plantas de poco crecimiento.

LA ERA DE LOS DINOSAURIOS

Los dinosaurios dominaron el mundo durante 150 millones de años. La época de los dinosaurios abarcó los periodos Triásico, Jurásico y Cretácico, que en conjunto se denominan la era Mesozoica.

Los dinosaurios incluían desde aquellos con un tamaño gigante hasta los del tamaño de un pollo, y desde los agresivos devoradores de animales (carnívoros), hasta los comedores de plantas (herbívoros), los cuales pastaban tranquilos. Ningún territorio estaba protegido de los dinosaurios, sus fósiles se han encontrado en todos los continentes y además vivían en una gran diversidad de hábitats, desde las ciénegas hasta las praderas áridas, y desde las costas y lagunas hasta los bosques y desiertos.

ASESINOS CON MANDÍBULAS GIGANTES

Los terópodos eran unos despiadados dinosaurios carnívoros de dos patas. Estos incluían al giganotosaurio y al tiranosaurio rex, que se muestra en esta ilustración. Sus mandíbulas eran enormes, incluso comparadas con la cabeza de un gran saurópodo como el amargasaurio. El giganotosaurio cazaba en manadas, y en grupo podían haber sido capaces de derribar al poderoso amargasaurio, a pesar de las armas defensivas del herbívoro, como su cola que usaba como látigo y su lomo con espinas.

DETECTIVES DE DINOSAURIOS

Encontrar un fósil de un esqueleto de dinosaurio completo o casi completo, es un hallazgo muy raro e importante, así que se tiene que excavar con sumo cuidado. La posición de cada hueso fósil se registra antes de que sea removido. Después, los científicos se dedican a la tarea de reconstruir al dinosaurio. Las piezas faltantes se llenan con yeso.

GIGANTES TERRESTRES

Los saurópodos —los animales más pesados, altos y grandes que alguna vez poblaron la Tierra— se alimentaban de plantas. Sus piernas parecidas a troncos de árboles y sus cuellos largos y elásticos, les permitían alcanzar las plantas más altas; su colosal tamaño y su cola parecida a un látigo intimidaba a los animales asesinos que lo acechaban. Entre los saurópodos se encontraba el apatosaurio, el cual era cuatro veces más alto que una jirafa moderna.

PROTEGIDO POR PLACAS

Los dinosaurios herbívoros desarrollaron varias formas para protegerse de los carnívoros. Por ejemplo, el anquilosaurio estaba cubierto con placas gruesas de hueso, así como puntas y topes, para protegerse de las mordidas de los carnívoros hambrientos. También poseía una cola con forma de mazo para aporrear a los cazadores.

LA EXTINCIÓN DE LOS DINOSAURIOS

Hace 65 millones de años, los dinosaurios desaparecieron de la faz de la Tierra. Muchas otras especies también se extinguieron por esa época, lo que sugiere que una catástrofe repentina hizo imposible que muchos animales pudiesen sobrevivir. Esta podría haberse debido a un asteroide o a un cometa, a erupciones volcánicas o a una combinación de ambas causas.

NUBES DE POLVO

Si un meteorito impactara la Tierra, se fragmentaría en miles y miles de pequeñas partículas. Estas flotarían en el aire como nubes de polvo. Las nubes de polvo serían tan espesas, ¡que taparían la luz del sol!

IMPACTO PROFUNDO

Algunos científicos creen que los dinosaurios se extinguieron después de que un cometa o asteroide gigante se estrellara en la corteza de la Tierra, lanzando toneladas de polvo a la atmósfera. El polvo podría haber bloqueado la luz del sol durante varios meses. Las temperaturas habrían descendido demasiado, lo que habría ocasionado la muerte generalizada de bosques y animales.

VOLCANES VIOLENTOS

En la época en que los dinosaurios se extinguieron, hubo una gran actividad volcánica en el norte de la India. Estos volcanes estuvieron emitiendo lava durante miles de años y se calcula que los flujos de lava, ¡cubrieron un área casi como la mitad del tamaño de la India! Los químicos expelidos por las erupciones habrían tenido un impacto en todo el mundo, ocasionando cambios de gran importancia en la atmósfera de la Tierra. Muchos científicos creen que esas erupciones volcánicas ya estaban acabando con los dinosaurios mucho antes de que un cometa o asteroide cayera sobre la Tierra.

DETECTIVES DE DINOSAURIOS

El cráter de Chicxulub, en Yucatán, México, mostrado aquí por el dibujo de un artista, proporciona cierta evidencia de que realmente ocurrió el impacto de un meteorito enorme. Este gigantesco cráter tiene 180 kilómetros de diámetro, y se cree que el meteorito que lo creó, ¡tenía unos 10 kilómetros de ancho!

DESPUÉS DE LOS DINOSAURIOS

MAMÍFEROS ENORMES

Después de los dinosaurios, los mamíferos crecieron para convertirse en los animales más grandes tanto en la tierra como en el mar. Entre ellos se encontraba el temible esmilodón, el tigre dientes de sable, que pertenecía a una familia de las ahora extintas criaturas relacionadas con los felinos, llamadas macairodontinos.

Muchos mamíferos de los periodos Paleógeno, Neógeno y Cuaternario tenían una apariencia similar a especies que están vivas en la actualidad, aunque aterradoramente grandes. Algunos, como el esmilodón, vivieron hasta la época en que los humanos evolucionaron y quizá deben haber cazado humanos como alimento.

SONRISA MORTAL

El esmilodón tenía una mordida mortal, podía abrir su hocico al doble de tamaño que un león de la actualidad. Además de sus dientes para morder, que incluían dos enormes y curvados caninos, tenía dientes para masticar en la parte trasera de sus mandíbulas. Este cazador quizá podía saltar desde los árboles o desde la maleza para emboscar a su presa. Después usaría su poderoso cuerpo para derribar a su víctima en el suelo y mantenerla ahí con sus enormes garras delanteras, preparado para asestar una precisa y mortal mordida.

CUIDADO CON LA COLA

El doedicurus fue un mamífero increíble del periodo Cuaternario que debe haberse parecido a un armadillo gigante (y además aterrador). Su caparazón protector estaba cubierto con piel y quizá tenía pelos. Los machos blandían entre ellos sus colas, armadas con protuberancias o picos, en las batallas por el dominio del grupo. Los picos de las colas se han encontrado incrustados en los caparazones de algunos machos.

EL DOEDICURUS CONTRA EL ARMADILLO

	DOEDICURUS	ARMADILLO GIGANTE
ALTURA	1.5 m	0.3 m
LONGITUD	4 m	1.5 m
PESO	Hasta 2370 kg	Hasta 32 kg
DIENTES	Molares atrás	80-100 con forma de punta
ALIMENTO	Plantas	Carroña, insectos, animales pequeños, plantas, frutas

DESCENDIENTES DE LOS DINOSAURIOS

Los animales más relacionados con los dinosaurios, que viven en nuestro planeta en la actualidad, son las aves. Las aves descienden de los dinosaurios carnívoros bípedos llamados terópodos. Los científicos comenzaron a darse cuenta de esto cuando hicieron un descubrimiento increíble: dinosaurios fosilizados que tenían plumas.

Especies como el caudipterix, que poseía tanto características de dinosaurio como de ave, son una evidencia de la transición gradual de un tipo de animal a otro. Al principio, las plumas solamente fueron para calentarse y para mostrarse atractivo, pero luego, mediante la evolución, también comenzaron a utilizarse para volar. Quizá la primera ave verdadera fue el arqueopterix, cuyo fósil fue descubierto en 1862. A pesar de que el arqueopterix era más un ave que un dinosaurio, probablemente solo podía aletear más que volar.

CUBIERTA SUAVE
Su cubierta de plumas era para mantenerse caliente, no para volar. La suave cubierta de plumas se descubrió en los fósiles encontrados. Podrían haber estado marcadas con ciertos tonos y pigmentos, sin embargo, no podemos saberlo con precisión ya que apenas sobrevivieron en los fósiles.

ESPECTÁCULO CON LA COLA
Como las aves de la actualidad, el caudipterix quizá haya extendido las plumas de su cola para atraer a sus parejas o para asustar a los depredadores.

PATAS DE AVE
Como un ave en la actualidad, las primeras caudipterix del periodo Cretácico quizá estaban suspendidas en ramas o usaban sus largas patas para vadear en los lagos y ríos.

SIN PODER VOLAR
Las plumas en los brazos eran demasiado cortas y tenían una forma incorrecta para poder volar. Quizá se hayan utilizado para mantener calientes a sus crías en sus nidos.

DINOSAURIOS EN EL JARDÍN

Desde luego, no hay ningún dinosaurio viviendo en el jardín de alguien. No obstante, existen increíbles similitudes entre algunas aves modernas y los pequeños terópodos depredadores del periodo Cretácico. Las plumas, cráneos con poco peso, el hueso de la suerte en sus esqueletos y dos patas para caminar son algunas de las características compartidas.

VUELO INAUGURAL

Con dientes filosos y una cola huesuda, el arqueopterix era similar a un terópodo. Sin embargo, también tenía plumas y alas que le permitían volar, aunque no tan bien como la mayoría de las aves de nuestros días. Para poder volar posiblemente se lanzaba de árboles o rocas.

DINOSAURIOS ASESINOS

El terrorífico tiranosaurio rex fue uno de los principales depredadores de su época. Aquí lo vemos cazando en un estanque.

Los dinosaurios asesinos, los carnívoros, han sido los animales más mortíferos que han merodeado en este planeta. Tenían diversas formas, que abarcaban desde los terópodos gigantes, con sus mandíbulas trituradoras de huesos y sus dientes para despedazar la carne, hasta los pequeños pero veloces raptores, con sus extremidades capaces de atrapar y sus garras cortantes.

Los carnívoros utilizaban muchos métodos diferentes para atrapar y matar a su presa. Algunos cazaban solos, mientras que otros lo hacían en manadas. Algunos tenían poderosos picos sin dientes, mientras que otros tenían dientes muy afilados. Algunos utilizaban su gran velocidad, mientras que otros dependían de su enorme poder muscular, sus patadas mortales o sus mordidas de gran tamaño.

INTELIGENTE Y MORTÍFERO

Los dinosaurios carnívoros, como los alosaurios, mostrados aquí en la ilustración de la izquierda, por lo general tenían buena vista, un buen sentido del olfato y un cerebro grande para planear estrategias de caza. También necesitaban patas largas y fuertes para correr rápido y atrapar a su presa. Quizá el mayor carnívoro de todos fue el espinosaurio, de unos 16 metros de largo. El más pequeño probablemente fue el hesperonychus, de solo un metro de largo.

LAGARTO TIRANO

Tiranosaurio rex significa "lagarto tirano". Esta aterradora criatura era uno de los dinosaurios depredadores más fuertes y grandes que acechó en tierra en la parte final del periodo Cretácico. Crecía hasta unos 12 metros de largo y solamente sus mandíbulas medían 1.4 metros de ancho, además, estaban repletas con feroces dientes del tamaño de largas dagas.

Debido a sus extrañamente débiles y pequeños brazos, algunos científicos piensan que el tiranosaurio rex se alimentaba de carroña en lugar de presas vivas. Pero otros afirman que necesitaba más que cadáveres para satisfacer su hambre y que sus ojos dirigidos hacia el frente estaban diseñados para evaluar y precisar la distancia de una presa de movimiento rápido.

MÚSCULOS PODEROSOS

Sus grandes músculos le daban a este monstruo una increíble fuerza y unas patas lo suficiente fuertes para transportar el enorme peso de su cuerpo de 4500 kilos. Como un elefante, probablemente podía caminar con rapidez, pero su peso le habría ocasionado correr con dificultad.

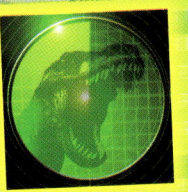

DETECTIVES DE DINOSAURIOS

Las mandíbulas fósiles del tiranosaurio rex muestran que tenía una mordida muy grande. Poseía una articulación extra en la mandíbula, de manera que, como una serpiente, el tiranosaurio rex podía prácticamente dislocar su mandíbula. Esto le habría permitido a su hocico abrirse con una amplitud extraordinariamente grande. La fortaleza y grosor de los huesos del cráneo sugieren que tenía unos músculos poderosos en la mandíbula, lo bastante fuertes como para triturar huesos.

DIENTES DE NAVAJAS
Los afilados dientes frontales estaban diseñados para atrapar y perforar la piel gruesa, mientras que los dientes traseros tenían forma de hojas filosas para cortar huesos, carne y músculos.

Mordida Letal

La marca de la mordida de un tiranosaurio rex en el fósil de un ornitorrinco se utilizó para calcular la fuerza de su mordida. Los científicos calculan que la fuerza de su mordida era de 1365 kilos, más de tres veces la fuerza de un león africano. Más que luchar con su presa, el objetivo del tiranosaurio rex debe haber sido acabar con ella de un solo mordisco. Una vez que su presa había caído, las mandíbulas trituradoras de hueso podían acabar de liquidarla.

NO ERA UN BOXEADOR
A pesar de ser un cazador, el tiranosaurio rex tenía unos brazos pequeños y débiles, con garras con dos dedos, ¡que ni siquiera le permitían alcanzar su hocico! Quizá estos brazos se usaban para equilibrar su enorme cuerpo cuando estaba parado en sus dos patas.

GIGANTES VORACES

El giganotosaurio era definitivamente gigantesco; esta bestia era tan pesada como un camión y con sus 13 metros de largo era más grande que un tiranosaurio rex. Este dinosaurio asesino vivía en las praderas de Sudamérica con el titanosaurio, un herbívoro gigante, al cual probablemente cazaba.

DESCUBRIMIENTO IMPACTANTE

Durante un siglo, el tiranosaurio rex fue considerado el depredador más grande que se haya conocido alguna vez, pero en 1993 se descubrió uno todavía mayor. Se le dio el nombre de giganotosaurio y se vio que tenía las mandíbulas más grandes que haya tenido algún terópodo, las cuales medían 1.8 metros de ancho, lo que miden de alto algunos humanos adultos. Vivió unos 30 millones de años antes que el tiranosaurio rex y tenía tres dedos en cada mano, con un mejor agarre que los dos dedos del tiranosaurio. Su mordida era menos poderosa, pero sus dientes cortantes, afilados como navajas, podían rebanar con facilidad la piel y el hueso.

PAREJA DE ASESINOS

El giganotosaurio no sentía miedo de cazar criaturas mucho más grandes que él y probablemente era el único depredador del argentinosaurio, el cual era tres veces más alto. Los científicos creen que el giganotosaurio quizá haya cazado en pareja o en un grupo de seis o más, utilizando sus poderosas mandíbulas para morder las patas de los saurópodos de movimiento lento, hasta que se debilitaban debido al sangrado y caían a tierra. Entonces los giganotosaurios procedían a despedazar la carne de su presa y luego a consumir el cadáver.

INFORMACIÓN VITAL

GIGANOTOSAURIO

Significado del nombre: Lagarto gigante del sur.

Familia: *Allosauridae*.

Periodo: Cretácico superior.

Tamaño: 7 metros de altura, 13 metros de longitud.

Peso: 7300 kilos.

Dieta: Carne.

APETITO ENORME

Es probable que un saurópodo muerto pudiera haber satisfecho el hambre de un giganotosaurio por algunas semanas. Quizá no haya habido ninguna competencia de otros cazadores carnívoros debido al tamaño y la fuerza del giganotosaurio. Asimismo, estos depredadores gigantes quizá hayan sido sorprendentemente rápidos. Los científicos calculan que podrían haber alcanzado velocidades de hasta 50 kilómetros por hora.

EL UTAHRAPTOR
DESPIADADOS CAZADORES EN GRUPO

El utahraptor fue un cazador inteligente, ágil y rápido. Tenía una cola rígida que lo ayudaba a mantenerse en equilibrio mientras se abalanzaba sobre su presa. Tan pesado como un oso grande, era el mayor de los dromeosaurios o "lagartos corredores" (también llamados raptores).

UNA GRAN MORDIDA
Las poderosas mandíbulas del utahraptor estaban repletas con dientes filosos como navajas, que utilizaba para morder y atrapar a su presa una vez que la había derribado con sus garras.

¿A QUIÉN LE DIJISTE GALLINA?
Los fósiles muestran una estructura ósea similar a la de los pollos y los científicos creen que también estaba cubierto de plumas. A pesar de tener plumas no podía volar y cualquier cobertura de plumaje habría sido para mantenerse caliente o para mostrarse atractivo y conseguir una pareja.

GARRAS ASESINAS
Las garras en forma de hoz del utahraptor eran su arma más valiosa. Podía levantar del suelo las garras en las patas mientras corría. Las hojas de 35 centímetros podían despedazar a su presa o aferrarse sobre esta como garfios para escalar. Con una poderosa patada las garras podrían haber derribado a otro dinosaurio y con frecuencia lo habrían matado de forma instantánea.

TÁCTICAS DE CACERÍA

Como los lobos, los utahraptores acechaban a sus presas en manadas. Al atacar juntos, bien podrían haber derribado incluso a los grandes saurópodos. Se colgaban de los cuerpos de sus presas, mordiendo y cortando a sus víctimas hasta que caían exhaustas.

EL UTAHRAPTOR CONTRA EL LOBO

¿Cuánto medían estos cazadores en manada?

	UTAHRAPTOR	LOBO
ALTURA	3 metros	0.85 metros
PESO	1000 kg	60 kg
VELOCIDAD	30 km/h	55-70 km/h
FUERZA MORDIDA	460 kg	66 kg
VISTA	Excelente	Muy buena

CORREDORES VELOCES CON ZARPAS FILOSAS

El utahraptor pertenecía a una familia de dinosaurios llamada dromeosaurios. Su velocidad, agilidad, buena vista y, sobre todo, sus filosas garras, los convertían en uno de los grupos de depredadores más mortíferos. A pesar de que sus cuerpos tenían apariencia de aves, presentaban fuertes patas para poder correr a altas velocidades, así como colas rígidas para ayudar en su equilibrio, mientras pateaban y destazaban la carne de sus presas con sus garras de los pies en forma de hoz.

GARRAS TEMIBLES

Como parte de un grupo denominado maniraptora (raptores con mano), los dromeosaurios tenían unas manos muy fuertes con unas garras temibles, con las que atrapaban a su presa. Los científicos creen que, con relación al peso de su cuerpo, los dromeosaurios tenían los cerebros más grandes de todos los dinosaurios y por ello se encontraban entre los más inteligentes.

"GARRAS TERRIBLES"

Deinonychus significa "garra terrible", ya que su garra en forma de hoz era tan filosa como un cuchillo de carnicero. Sus ojos podían mirar hacia el frente, proporcionándoles una visión como de binoculares, y de esta manera podía determinar la distancia de la presa con mayor precisión y evaluar cuál era el punto en el cual estaba lo suficiente cerca para patearla, agarrarla o saltar sobre ella para un ataque preciso. Sus dientes curvos aserrados mordían y desgarraban la carne de los huesos de su presa. Un estudio del deinonychus llevó a los científicos a creer que este animal quizá era de sangre caliente, así que las plumas que lo cubrían eran necesarias para mantener su temperatura, a diferencia de las criaturas de sangre fría, que no necesitaban el material aislante.

DETECTIVES DEL TIEMPO

Las huellas fósiles del velociraptor muestran huellas de pisadas con tres dedos, sin embargo, el velociraptor tenía cuatro dedos. Las huellas de pisadas prueban que el cuarto dedo, con su garra filosa como una hoz, se mantenía elevado por arriba del suelo o las rocas para evitar que perdiera el filo.

PATEADOR

Los dromeosaurios, como el velociraptor, tenían en sus patas poderosos músculos con los que pateaban. La garra con forma de hoz en el segundo dedo de su pata se usaba para apuñalar a su víctima. Cuando corría, la garra con forma de hoz se encontraba levantada.

ATRAPADOS EN MEDIO DE LA BATALLA

El uso de la garra con forma de hoz como arma mortal se demostró por el hallazgo de un fósil: La garra del segundo dedo de la pata de un velociraptor, se encontró incrustada a las costillas de un protoceratops. El animal herbívoro, del tamaño de un borrego, evidentemente estaba intentando combatir con el velociraptor cuando ambos murieron de forma repentina en medio de la batalla, quizá debido a un derrumbe de tierra.

CARNOTAURO

"TORO DEVORADOR DE CARNE"

Carnotauro significa "toro devorador de carne". Con dos cuernos y un cuerpo corpulento y poderoso, este terópodo verdaderamente tenía una apariencia similar a la de un toro. También tenía una vista de cazador, que miraba hacia el frente, así como piernas que podían perseguir a su presa a altas velocidades. Sus curiosos brazos pequeños eran menos poderosos, cada uno con cuatro dedos. También tenía débiles dientes y músculos en la mandíbula.

El carnotauro no tenía una mordida poderosa (únicamente 340 kg, mucho más débil que la mordida del tiranosaurio rex, con 1360 kg). Sin embargo, usaba los músculos para darle de cabezazos a su víctima. Su inusual cráneo estaba formado de partes movibles separadas, para que de esta manera pudiese absorber más presión durante los cabezazos o las mordidas.

AROMA DE CARNE FRESCA

El carnotauro probablemente seguía su olfato para encontrar a su presa. Su largo cráneo tenía un agujero especialmente grande enfrente de las cuencas de los ojos, lo que sugiere que el sentido del olfato de este dinosaurio estaba desarrollado muy por arriba del promedio de un cazador. Así que es muy probable que acechara a su presa al seguir el rastro de su olor.

PELEAS CON CUERNOS

Los cuernos del carnotauro sobresalían a los lados, exactamente por arriba de los ojos, y quizá se hayan utilizado en combates de macho contra macho. También se podrían haber usado para ayudar a dejar inconsciente a su presa o para lucir atractivo en la época de apareamiento. Su fuerte cuello le debe haber proporcionado al carnotauro una fuerza colosal, sobre todo si le propinaba cabezazos a su rival. Para una protección extra en combates o en ataques, el carnotauro poseía una piel endurecida, similar a la del lagarto, con grandes protuberancias a lo largo de su lomo.

INFORMACIÓN VITAL

CARNOTAURO

Significado del nombre: Toro devorador de carne.

Familia: Abelisauridae.

Periodo: Cretácico intermedio.

Tamaño: 3 metros de altura; 7.5 metros de longitud.

Peso: 1000 kilos.

Dieta: Carne.

TROODON

RASTREADOR NOCTURNO

El troodon tenía un cuerpo que era similar en forma al de un avestruz, pero a diferencia de cualquier avestruz de la actualidad, este era un asesino. Se dice que este carnívoro tenía más de 100 dientes, todos filosos y triangulares, con filos aserrados para cortar.

Se han encontrado dientes de troodon cerca de fósiles de hadrosaurios bebés, lo que sugiere que disfrutaba darse un banquete con las crías indefensas. Troodon significa "diente hiriente", y se le dio este nombre debido a un diente puntiagudo suyo encontrado en uno de los primeros hallazgos.

CON BUEN CEREBRO
El troodon tenía un cerebro inusualmente grande comparado con el peso de su cuerpo, y esto lo convierte en uno de los dinosaurios más inteligentes.

DEDOS ASESINOS
Las piernas largas significan un paso largo, así que el troodon posiblemente podía correr con gran rapidez. Al extremo de cada segundo dedo de la pata tenía una garra curvada, la cual podría haber ocasionado un daño grave a cualquier criatura que estuviese persiguiendo.

GARRAS SUJETADORAS
Las manos con garras del troodon podían cerrar la palma por completo, así que podían lograr un agarre muy firme de cualquier presa pequeña viva.

VISIÓN NOCTURNA

Sus grandes ojos dirigidos hacia el frente le proporcionaban al troodon una visión de binoculares, y quizá también podía cazar con muy poca luz, como al anochecer, o incluso en la noche, como un gato. Una manada de troodon bien podría haber sido capaz de derribar a una presa mucho más grande que ellos.

EL TROODON CONTRA EL GATO DOMÉSTICO

¿Cuánto medían estos cazadores nocturnos?

	TROODON	GATO DOMÉSTICO
ALTURA...	1 metro	0.20-0.25 metros
PESO...	45 kg	3-4 kg
VELOCIDAD...	40 km/h	48 km/h
N.º DIENTES	100	30
VISTA...	Excelente	Excelente

DIENTES ATERRADORES

Los dientes del dinosaurio eran más duros que el hueso, así que se preservaban con mayor frecuencia como fósiles. Los científicos pueden imaginar una gran cantidad de información a partir de los dientes fosilizados, como aquellos alimentos que comían los dinosaurios.

COMEDOR A GRAN ESCALA

El alosaurio, un depredador de tres toneladas que vivió en el periodo Jurásico, tenía dientes con filos aserrados para cortar a través de la carne. Los dientes medían entre cinco y diez centímetros de largo y eran relativamente pequeños para un depredador, pero eran puntiagudos y estaban curvados hacia atrás, perfectos para destrozar grandes trozos de la carne de sus víctimas. Se han encontrado marcas de las mordidas de un alosaurio en la espina dorsal de un apatosaurio, un enorme saurópodo, y en las vértebras del cuello de un estegosaurio protegido con placas, lo cual es prueba de lo mortíferos que eran sus dientes. Si algún diente se rompía o se desgastaba, era desechado y un nuevo diente crecía en su lugar, así que el alosaurio nunca se quedaba sin usar su mordida mortal.

SIERRAS PARA CARNE

Algunos científicos creen que los depredadores como el alosaurio usaron sus dientes como sierras para arrancar la carne de una presa cuando todavía estaba viva. En lugar de atacarla de frente y arriesgarse a sufrir alguna lesión, mejor esperaban a que su víctima se desangrara lentamente hasta morir.

TIPOS DE DIENTES

Podemos identificar a los herbívoros por sus dientes como pinzas o sus picos agudos pero sin dientes, los cuales se utilizaban para pastar. Los devoradores de carne y de peces tenían dientes aterradores, fuertes y filosos para sujetar y atrapar a su presa y para desgarrar la carne y triturar el hueso.

Mordida venenosa

Algunos científicos sugieren que el sinornitosaurio usaba sus colmillos curvos, como los de una serpiente, para inyectarle veneno a su víctima. Este dinosaurio con plumas, similar a un ave, no mayor que un pavo, podría haber matado a presas mucho más grandes que él, sometiéndolas con su mordida venenosa.

DETECTIVES DE DINOSAURIOS

Podemos descubrir cuán poderosa era la mordida de un dinosaurio por el tamaño y la forma de sus dientes fósiles y también al elaborar reconstrucciones de sus mandíbulas para mostrar sus músculos y su posible fuerza. Las marcas de dientes en los fósiles de las víctimas pueden ser indicios útiles para conocer la fuerza de la mordida, pero no prueban que el atacante mordedor mató a su víctima, ya que esta podría haber estado ya muerta y el dinosaurio únicamente se alimentaba con el cadáver.

BARYONYX

EL DEVORADOR DE PECES

A pesar de que era un poco más pequeño que su famoso pariente, el espinosaurio, el baryonyx no era menos mortal. Este es uno de los pocos dinosaurios pescadores descubierto hasta el momento, el cual tenía las armas letales necesarias para poder asegurar su éxito.

Algunos científicos sugieren que aun cuando el baryonyx era un animal terrestre, también nadaba en ríos y lagos, cazando desde la superficie del agua. También podría haber capturado los peces desde la orilla del agua, tal como un cocodrilo. Se creía que únicamente comía peces hasta que se encontraron los huesos de un iguanodonte en el estómago de uno de sus fósiles. Así que probablemente aprovechaba cualquier oportunidad para atrapar cualquier clase de alimento con carne.

INFORMACIÓN VITAL

BARYONYX

Significado del nombre: Garra pesada.

Familia: *Spinosauridae*.

Periodo: Cretácico inferior.

Tamaño: 2.5 metros de altura; 10 metros de longitud.

Peso: 1800 kilos.

Dieta: Pescado y carne.

UN ESTÓMAGO SATISFECHO

Restos fosilizados de escamas y huesos de pescado y huesos parcialmente digeridos de iguanodonte, encontrados en el estómago de un baryonyx, muestran cuál era su dieta.

UNA JAULA DE DIENTES

Sus 96 dientes largos y puntiagudos fueron diseñados para capturar y sujetar a un pez. Una cavidad en su mandíbula inferior quizá también le haya ayudado a mantener prisionero a cualquier pez resbaloso que luchaba por su vida.

ATRAPADOR DE PECES

El baryonyx tenía largas mandíbulas como las de los cocodrilos, las cuales sumergía en el agua para atrapar peces. Tal como hace un cocodrilo, podría haber utilizado la punta de su hocico para sentir cualquier movimiento en el agua y así poder abrir sus mandíbulas en el momento exacto para atrapar a cualquier presa que pasará frente a él.

GARRA ENORME

El nombre baryonyx significa "garra enorme" y hace referencia a las grandes garras de 0.30 metros de longitud en sus patas. Quizá las haya usado como trinches o cuchillos, para perforar y desgarrar el pescado que había capturado, preparándolo para comérselo. Sus dientes eran demasiado puntiagudos para hacer este trabajo, diseñados para atrapar, no para triturar o masticar.

MANADAS Y FAMILIAS

Los depredadores no siempre cazaban o vivían solos. Algunos, como el velociraptor, es posible que acecharan y cazaran a sus presas en manadas.

La fuerza está en el número

Los protoceratops vivían en grandes manadas para su protección. Sin embargo, si un animal joven, enfermo o viejo se separaba de los otros, podría convertirse en el blanco de los depredadores, tal como los velociraptores. Los cuernos y el collar protector del protoceratops quizá podrían haber repelido a un atacante solitario, pero contra un grupo es probable que tuviera muy poca oportunidad de sobrevivir.

TRABAJO EN EQUIPO

Trabajando juntos, un grupo de velociraptores posiblemente habría tenido poco trabajo para acabar con un protoceratops solitario. Como una manada de leones de nuestros días, los depredadores habrían cooperado entre ellos para derribar a su presa. Uno habría atacado la cabeza con cuernos, mientras que otro se habría dirigido a atacar la retaguardia indefensa de la criatura.

PROTECCIÓN FAMILIAR

Incluso el más poderoso de los dinosaurios, como el alosaurio (el cual se muestra en la ilustración), era vulnerable a los depredadores. Así que el alosaurio anidaba en grupos, probablemente para tener protección compartida. En un sitio donde estaba el nido de un alosaurio, los científicos descubrieron huesos fósiles de criaturas de diferentes edades, desde crías hasta adultos de edad avanzada. Sin embargo, no había adultos jóvenes, así que se pensó que quizá estos eran lo bastante fuertes para irse y defenderse por ellos mismos. También se encontraron ahí los huesos fósiles de un hadrosaurio, con marcas de mordidas de alosaurio, lo que indicaba que ellos eran la fuente de alimento de las familias.

 DETECTIVES DE DINOSAURIOS

Sabemos que un dinosaurio carnívoro llamado albertosaurio se desplazaba en manadas debido a que se descubrieron los huesos fósiles de 26 albertosaurios en un área de Canadá. Los dinosaurios eran todos de edades diferentes, de dos a 23. También se encontraron 40 alosaurios en un área de Utah, Estados Unidos. Ellos podrían haber muerto al quedar atrapados en el lodo, junto con los dinosaurios a los que estaban cazando.

DINOSAURIOS DEFENSORES

Un anquilosaurio balancea su pesada cola con forma de mazo para defenderse contra un grupo de hambrientos albertosaurios.

La era de los dinosaurios fue una época violenta, con batallas salvajes entre carnívoros cazadores y herbívoros defensores. Así como los dinosaurios devoradores de carne contaban con características asesinas, así los comedores de plantas tenían características defensivas, que incluían placas protectoras, picos, cuernos y colas poderosas para golpear.

Algunos dinosaurios buscaban protección al vivir en manadas, tal como lo hacen los animales al pastar en la actualidad. Una piel con ciertos patrones debe haber ayudado como camuflaje y también el tamaño elevado de algunos saurópodos habría ahuyentado incluso al más agresivo de los cazadores.

CARRERA ARMAMENTICIA

A través de la larga historia de los dinosaurios, los depredadores y las presas estaban metidos en una carrera armamenticia, con las especies siempre evolucionando formas mejores de atacar y de defenderse. En tanto que los carnívoros se volvieron más grandes, más fuertes y más feroces, con dientes más largos y garras más poderosas, los herbívoros desarrollaron sus propias características defensivas para evitar convertirse en comida. La piel se volvió más gruesa, los cuerpos se hicieron más grandes, las colas crecieron y se hicieron más fuertes y los cuernos se volvieron más largos y puntiagudos. El resultado fueron algunas de las criaturas más tremendamente defendidas que alguna vez hayan caminado por este planeta.

TANQUE ANDANTE

Es probable que el dinosaurio herbívoro anquilosaurio haya presentado una gran pelea en contra del agresivo dinosaurio cazador, albertosaurio. El anquilosaurio estaba cubierto con un grueso escudo con protuberancias de hueso. Unas grandes placas protegían su cabeza y su cuello e incluso sus párpados. Cuatro cuernos en la parte posterior de su cabeza lo resguardaban de las mordidas. Su cola con forma de mazo era un arma defensiva que podría ser blandida ante cualquier depredador que se aproximara. Para poder tener la oportunidad de lograr una mordida apropiada, el albertosaurio tendría que haber volteado al revés al anquilosaurio y atacarlo por abajo.

TRICERATOPS

COMBATIENTE CON CUERNOS EN LA CARA

Incluso el temible tiranosaurio rex debe haber descubierto que los sistemas defensivos del triceratops eran muy difíciles de penetrar. El triceratops fue uno de los enormes dinosaurios de cuatro patas que comía plantas a finales del periodo Cretácico, el cual tenía que defenderse en contra de algunos de los cazadores más agresivos que alguna vez hayan acechado en el planeta Tierra.

CARA CON TRES CUERNOS

El nombre de triceratops significa "cara con tres cuernos". Su enorme cabeza consistía de un tercio de la longitud de su cuerpo. Los dos cuernos que tenía arriba de cada ojo, medían alrededor de un metro de largo cada uno.

Con la forma de un rinoceronte gigante, el triceratops era el más grande de los ceratopsianos con cuernos y collar de protección.

COLLAR CON PICOS

La placa del cuello, también llamada collar protector, era enorme y sólida y tenía en la orilla protuberancias de hueso para protección. Este collar protector debe haber tenido cierto patrón especial para atraer a una pareja. Este dinosaurio debe haber bajado su cabeza para mostrar el collar, tal como un pavo real muestra su plumaje.

DIENTES TRITURADORES

Los dientes del triceratops estaban construidos para mordisquear toda la vegetación. Pero en lugar de masticarla, solo la trituraba y luego la tragaba.

¡A LA CARGA!

Si el triceratops sentía algún peligro o rivalidad de otro macho en la temporada de apareamiento, quizá podría haber bajado su cabeza como el rinoceronte o el toro y debe haber atacado. Con todo el peso de su cuerpo, similar al de un camión, empujando detrás de él, los agudos cuernos deben haber sido armas terriblemente mortales. Tan solo la vista de los cuernos y el collar protector del triceratops podrían haber sido suficientes para asustar a algún depredador.

EL TRICERATOPS CONTRA EL RINOCERONTE

	TRICERATOPS	RINOCERONTE
ALTURA	3 m	1.8-2 m
LONGITUD	8 m	3.5-4.6 m
PESO	5400-10 800 kg	900-1300 kg
VELOCIDAD	Hasta 26 km/h	55 km/h
N.º DIENTES	400-800	24-34
CUERNOS	3 cuernos, de 1 m	2 cuernos de hasta 1.5 m entre los dos

TEMIBLES COLLARES PROTECTORES

Se han encontrado en los fuertemente defendidos ceratopsianos una extraña variedad de cuernos y extrañas placas para el cuello, o collares, de apariencia muy agresiva. Una estampida de una manada de estiracosaurios o de centrosaurios debe haber asustado a la mayoría de los depredadores. Otra táctica defensiva puede haber sido acorralar al agresor y acercarse lentamente.

No todos los collares protectores de los ceratopsianos eran grandes, algunos científicos creen que no solo eran para protección sino para lucirse, además de una forma de reconocer a los miembros de la misma manada. Los collares con patrones llamativos habrían hecho más sencillo identificar a cualquier rival que estuviera invadiendo su territorio. Otros científicos creen que los collares no solo se usaban para lucir atractivo, sino para ayudar a regular la temperatura corporal de las criaturas. Desde luego, es posible que tuvieran más de un uso.

CON MUCHAS PUNTAS

El estiracosaurio tenía un horrible conjunto de picos y cuernos. Y así como tenía un enorme cuerno en la nariz, tenía ocho puntas saliendo de su collar y un cuerno que sobresalía de cada una de sus mejillas. Existe alguna evidencia de que el joven estiracosaurio tenía dos cuernos más, uno arriba de cada ojo, los cuales se le caían cuando era adulto.

Monstruo de peso ligero

Los collares protectores de los ceratopsianos deben haber sido pesados, pero el del centrosaurio tenía dos agujeros grandes en la estructura ósea cubierta por la piel, lo que lo hacía más ligero. Moverse rápido para alejarse quizá era más importante para este dinosaurio, pues dos de sus cuernos parecían ser más bien inservibles, ya que apuntaban hacia abajo en lugar de hacia los lados. Sin embargo, el cuerno largo de la nariz podría haber ocasionado algún daño importante en una batalla a cabezazos. La vulnerabilidad del collar lleno de agujeros sugiere que era más bien para lucirse y para disuadir, en lugar de proteger. Frente a frente con los depredadores, el collar debe haber hecho parecer al centrosaurio más grande de lo en realidad era.

DETECTIVES DE DINOSAURIOS

Los detectives de dinosaurios llevan a cabo su trabajo con huesos fosilizados, aunque en ocasiones se pueden encontrar otras partes del cuerpo. Aquí se muestra la impresión de la piel de un ceratopsiano. Demuestra que la piel estaba formada de pequeñas placas, similares a las de un cocodrilo.

EL PAQUICEFALOSAURIO

CABEZA DE HUESO DURA PARA TOPETAZOS

Los paquicefalosaurios, herbívoros de dos patas, son apodados en ocasiones "cabeza dura". Es posible que se hayan dado de topetazos entre ellos, como lo hacen las cabras, en peleas por territorio o en busca de pareja. Esta extraña táctica era posible debido a que tenían una capa de hueso sólido y grueso sobre la parte superior de sus cabezas, como si fuesen cascos de alto impacto.

Algunos científicos argumentan que estos domos de hueso en la cabeza deben haber sido para lucirse, no para protección, ya que ellos no eran lo suficiente fuertes para soportar dar topetazos en otra cabeza de hueso o en otro cuerpo. El más conocido de los dinosaurios cabeza dura, de acuerdo con la evidencia fósil encontrada, es el stegoceras.

CABEZAZOS EN EL CUERPO
Es posible que el estegoceras pueda haber utilizado su cabeza para golpear a sus oponentes por los costados, en lugar de hacerlo de frente, y de esta manera evitar una lesión grave.

CORONA CON PÚAS
Un círculo con protuberancias y cuernos rodeaba el domo protector de la cabeza como si fuese una corona. Esto podría haber sido para lucirse, para protección adicional o para ocasionar más daño cuando la criatura lanzaba su cabeza contra el enemigo.

AMORTIGUADOR DE GOLPES
Los científicos han calculado que la espina dorsal y el cuello del stegoceras eran lo suficiente fuertes para absorber el impacto de una colisión si lanzaba su cabeza contra un atacante.

Cabeza gruesa

La palabra paquicefalosaurio significa, "lagarto de cabeza gruesa", y es un nombre apropiado, el domo en su cabeza era de unos 20 centímetros de espesor. Con una altura de 6 metros, era un gigante entre los paquicefalosaurios. Sus tres tipos de dientes sugieren que es probable que se alimentara de plantas, frutas e insectos.

DETECTIVES DE DINOSAURIOS

Es posible que los paquicefalosaurios hayan desarrollado un cuerno alto hacia arriba del domo, como una especie de sombrero de bruja. La evidencia de vasos sanguíneos en los domos con hueso sugiere esta posibilidad. Si así fue, es probable que se haya usado para lucirse.

EL ESTEGOSAURIO

PICOS SALVAJES

El estegosaurio, un dinosaurio herbívoro del tamaño de un autobús, poseía algunas características defensivas increíbles que contribuían de manera notable a su supervivencia. Y realmente las necesitaba, ya que vivía entre algunos de los mayores y más peligrosos cazadores del periodo Jurásico, incluyendo al alosaurio y el ceratosaurus.

TAPAS EN EL CUELLO
El cuello y la garganta se encuentran entre las partes más vulnerables del cuerpo cuando se trata de una mordida mortal. El estegosaurio tenía tapas de hueso para proteger esta área.

LAGARTO DE TEJADO
El nombre estegosaurio significa "lagarto de tejado" y esto hace referencia a sus placas en la espalda. Este dinosaurio tenía 17 placas en total y la mayor medía unos 76 centímetros de altura. Es posible que las placas se volvieran más brillantes en la temporada de apareamiento para atraer a las parejas.

AGUIJONES EN SU COLA
Dos pares de aguijones similares a espinas salían del extremo de su cola, convirtiéndola en un arma defensiva peligrosa que podía blandir en dirección de cualquier cazador que se aproximara demasiado.

TAPAS EN EL CUERPO

El estegosaurio es bien conocido por las placas parecidas a puntas que tenía a lo largo de su espalda. Sin embargo, también tenía tapas en el cuerpo para una mayor protección. Sus patas traseras eran más largas que sus patas frontales, lo cual significa que podía girar con bastante rapidez y golpear con su cola con picos a cualquier criatura no deseada.

Cerebro diminuto

El cerebro del estegosaurio era solamente del tamaño del cerebro de un perro de nuestros días, esto lo convertía en el cerebro más pequeño de un dinosaurio, en comparación con el tamaño del cuerpo. Pero lo que le faltaba de inteligencia lo compensaba de otras maneras. Los científicos creen que tenía mejillas, una característica relativamente rara en los dinosaurios, que le ayudaban a este herbívoro a masticar su comida de forma apropiada.

EL MISTERIO DE LAS PLACAS EN EL LOMO

Existe alguna evidencia de que la base de las placas en el lomo era muscular, de manera que el estegosaurio podía girarlas en dirección a los depredadores. Nadie sabe con seguridad si las placas estaban cubiertas con cuernos y eran para su protección, o si estaban cubiertas con piel y se usaban para regular la temperatura del estegosaurio. Si estaban cubiertas con piel, la sangre en las placas debe haberse calentado en el sol, para luego regarse por el resto del cuerpo cuando el calor de los rayos del sol desaparecía al final del día. Si el dinosaurio sentía mucho calor, las placas podrían haberse usado para liberar el exceso de calor en el cuerpo.

INFORMACIÓN VITAL

ESTEGOSAURIO

Significado del nombre: Lagarto de tejado.

Familia: Stegosauridae.

Periodo: Jurásico tardío.

Tamaño: 4 metros de altura; 9 metros de longitud.

Peso: 1800 kilos.

Dieta: Plantas.

EL ANQUILOSAURIO

DEMONIO DEFENSIVO

Los anquilosaurios eran herbívoros voluminosos que ostentaban un sorprendente conjunto de armas defensivas como picos, placas y mazos en la cola. Todos ellos tenían placas gruesas sobre sus lomos, así como picos de apariencia atemorizante que sobresalían de los costados de sus cuerpos.

MAZO AMENAZADOR
Como el mazo de un caballero, la protuberancia ósea en el extremo de la cola del anquilosaurio podría blandirse contra los carnívoros que intentaran atacarlo. Huesos largos y músculos poderosos en su cola le proporcionaban una fuerza devastadora. La evidencia sugiere que con un golpe de su cola, el anquilosaurio podría haber aplastado los huesos de cualquier dinosaurio que lo atacara.

PLACAS PROTECTORAS
Las placas le protegían su espalda, cuello y hombros. Las protuberancias puntiagudas habrían dificultado a cualquier agresor aproximarse lo suficiente para voltear al pesado monstruo y atacar su vientre suave.

PÁRPADOS CON HUESO
Incluso los ojos del anquilosaurio estaban protegidos. Sus párpados, así como el resto de su cabeza, estaban protegidos por un casco de placas óseas fusionadas (de aquí su nombre, que significa "lagarto fusionado").

MAZOS MORTÍFEROS

Los primeros anquilosaurios del periodo Cretácico, como el gastonia, eran pequeños. Sin embargo, para el final del Cretácico aparecieron unos anquilosaurios más grandes y pesados. Esto ocurrió en áreas donde la amenaza era mayor por parte de los poderosos carnívoros, como el albertosaurio. Además de placas defensivas, estas criaturas similares a tanques tenían mazos mortíferos en los extremos de sus colas. El anquilosaurio era uno de los más grandes y el más formidable de todos ellos.

INFORMACIÓN VITAL

ANQUILOSAURIO

Significado del nombre: Lagarto fusionado.

Familia: *Ankylosauridae.*

Periodo: Cretácico tardío.

Tamaño: 1.7 m de altura; de 6.25 a 11 m de longitud.

Peso: Hasta 5900 kilos.

Dieta: Plantas.

COLA CON NAVAJAS

El gastonia debe haber sido atormentado por el utahraptor, el ágil dinosaurio cazador con garras muy filosas, ya que ambos vivían en la misma parte de América del Norte. Sin embargo, el gastonia tenía gruesas placas que protegían su cuello, lomo y cola. Además poseía un conjunto de puntas similares a navajas en su cola, con la que debe haber cortado el aire como si fuese una guadaña, ocasionando un grave daño a cualquier utahraptor que se aproximara demasiado.

EL HADROSAURIO

ORNITORRINCO DEFENSIVO

Los hadrosaurios eran dinosaurios ornitorrincos, con enormes crestas huecas en sus cabezas. Los diferentes tipos de hadrosaurios tenían diferentes formas de crestas y algunos tenían una apariencia muy extraña. Según parece, estas eran utilizadas como alguna clase de alarma.

Muchos científicos creen que las crestas podrían haberse usado para efectuar llamadas y atraer a otros hadrosaurios durante la época de apareamiento. Al variar la cantidad de aire soplado a través de los tubos huecos en su cresta, un hadrosaurio podía incrementar o disminuir el volumen del sonido.

¡ADVERTENCIA!

El sonido de alarma similar a una bocina del parasaurolophus, alertaba a otros dinosaurios en su manada para que huyeran o se agruparan para protegerse. A pesar de que pasaban la mayor parte del tiempo en cuatro patas, podían correr en dos patas por periodos cortos cuando eran perseguidos por otros depredadores.

PRESUMIDO

La cresta curvada en la cabeza podría haber estado marcada con colores vivos, ya sea para advertir a los atacantes o para atraer a una posible pareja. Los machos y las hembras tenían crestas de diferentes tamaños, y los machos poseían las de mayor tamaño.

DESLIZÁNDOSE POR LOS BOSQUES

Al mantener su cabeza en alto, la parte trasera de la cresta del parasaurolophus podría haber descansado en su lomo, formando una figura aerodinámica y ligera. Esto lo habría ayudado a pasar por matorrales espesos de manera rápida y silenciosa. El parasaurolophus encontraba una mayor seguridad dentro de una manada, pero seguramente encontraba más si se podía mover sin hacer demasiado ruido.

LAGARTO CON CASCO GRIEGO

La cresta del corythosaurus tenía forma como de medio plato. Esto tiene relación con su nombre, el cual significa, "lagarto con casco corinto". Su cresta se parecía un poco al casco usado por los antiguos griegos de Corinto. El corythosaurus también tenía escudos protectores debajo de su cuerpo, en la forma de tres hileras de escamas. Estas podrían haber servido como una defensa contra algún posible daño de las plantas espinosas en los matorrales.

DETECTIVES DE DINOSAURIOS

El conjunto de tubos huecos curvados en la cresta del parasaurolophus se conectaba con las fosas nasales. Mediante el estudio del flujo del aire a través de estos tubos, los científicos han llegado a la conclusión de que el parasaurolophus podía haber efectuado un profundo y ruidoso sonido de trompeta cuando soplaba a través de su nariz. Es probable que los tubos huecos actuaran como un resonador, tal como el cuerpo hueco de una guitarra incrementa el volumen del sonido de las cuerdas.

LOS SAURÓPODOS

TITANES CON COLA PARA DAR PALIZAS

Con unas patas tan grandes como troncos de árboles, su gran tamaño era el medio más importante de protección que tenían. Un titanosaurio, como el ampelosaurio, era cuatro veces más pesado que un depredador como el tarascosaurio. Pero si estaba muy hambriento, un carnívoro asesino todavía podía arriesgarse a efectuar un ataque con la esperanza de lograr asestar una mordida fatal. Su recompensa sería una gran cantidad de carne que duraría varios días.

GIGANTE AGRESIVO

Un depredador por lo general prefería atacar a las presas débiles, como los dinosaurios jóvenes o más pequeños, o incluso a las crías y los huevos, en lugar de arriesgarse a ser eliminado por el peso de un saurópodo. Pero si se encontraba lo suficiente hambriento, un tarascosaurio de nueve metros de largo bien podría atacar a un ampelosaurio, a pesar de que este era muchísimo más grande con sus 15 metros de largo y además estaba bien defendido.

PROTECCIÓN LIGERA

A diferencia de los primeros saurópodos fuertemente protegidos por placas, el ampelosaurio poseía escudos protectores ligeros. Sin embargo, las protuberancias de hueso debajo de su piel le proporcionaban algo de protección en contra de las mandíbulas de los atacantes hambrientos.

LÁTIGO Y ESTABILIZADOR

La cola del ampelosaurio podía dar de latigazos a un perseguidor, al igual que actuar como un contrapeso para equilibrar su cuerpo si elegía levantarse sobre sus patas traseras para defenderse de un atacante.

AZOTADA COMO UN LÁTIGO

El saurópodo diplodoco, de alrededor de 27 metros de largo y con un peso de 20 toneladas, poseía una cola muy larga, de 14 metros, que podía azotar como un látigo para darles una paliza a sus agresores. Dos grupos de huesos debajo de su cola la convertían en un arma muy poderosa. Cuando repartía golpes con este látigo enorme es muy probable que haya hecho un intimidante sonido de chasquido.

 ## DETECTIVES DE DINOSAURIOS

Ahora sabemos que la cola del diplodoco no era tan pesada como para que tuviese que arrastrarla por el suelo, ya que no hay rastros de la cola en los lugares donde se han descubierto pisadas del diplodoco.

PATRONES CON DIBUJOS Y PLUMAS

Durante mucho tiempo, los científicos creyeron que los dinosaurios más bien tenían una apariencia monótona y gris. Sin embargo, descubrimientos más recientes los han hecho cambiar de opinión. Ahora creen que muchas especies tenían pieles con patrones de dibujos o plumas con colores vivos.

Los patrones con dibujos los habrían ayudado a camuflarse de los otros dinosaurios, permitiendo tanto que los depredadores se acercaran con sigilo a una presa como que, a su vez, la presa permaneciera oculta de los depredadores.

Tonalidades y matices

No conocemos las tonalidades o matices exactos de la piel de algún dinosaurio, ya que ninguno de los pigmentos sobrevivió en los fósiles. Sus pieles debieron haber sido de colores vivos para lucirse, para atraer a una pareja o para enviar una advertencia a un rival.

ORNITORRINCO MOMIFICADO

Al hallarse un ornitorrinco momificado se encontró que había algo de piel y huesos preservados. La piel preservada mostraba patrones con rayas, en la primera evidencia de cómo se veía en realidad la piel de un dinosaurio y cómo podrían haberse camuflado, al igual que un reptil de nuestros días.

¿DE QUIÉN SE ESCONDÍA?

El hadrosaurio, como el que se muestra en esta ilustración, era acechado por algunos de los más peligrosos devoradores de animales, incluyendo al aterrador tiranosaurio rex.

LAS PRIMERAS PLUMAS

En 1996, se realizó un descubrimiento espectacular en una cantera en China: el primer fósil de dinosaurio que mostraba evidencia de un recubrimiento de plumas. El dinosaurio era el sinosauropterix, un pequeño devorador de carne que vivió al principio del periodo Cretácico. Las plumas pueden haber sido características de camuflaje o para lucimiento. Al estudiar las células con pigmento preservadas, los científicos llegaron a la conclusión que tenía anillos de plumas naranjas y blancas que se alternaban a lo largo de su cola, como un gato atigrado. Los pigmentos en las plumas de posteriores dino-aves revelan un rango de matices oscuros que las habrían hecho muy llamativas.

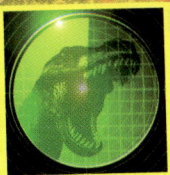

DETECTIVES DE DINOSAURIOS

Las plumas fosilizadas bien preservadas son un raro hallazgo, sin embargo, algunas del anchiornis, un dinosaurio muy similar a un ave, lograron descubrirse y se estudiaron. Mediante un análisis muy minucioso los científicos concluyeron que las plumas de su cuerpo eran de colores negro, blanco y un plateado ligero, y que la cresta de su cabeza era de color rojo.

GRANDES MANADAS

Existe mayor fuerza en un número grande de individuos, y así como los animales de nuestros días se reúnen en manadas para pastar, migrar y aparearse, los dinosaurios, como el protoceratops y el triceratops, también lo hacían. En un grupo seguramente habría más ojos vigilantes y orejas atentas. Si uno de ellos percibía el peligro correría y los otros lo seguirían.

Los expertos creían que los dinosaurios herbívoros más grandes vivían solos, en especial si contaban con poderosos escudos defensivos como el triceratops. Sin embargo, la evidencia ha revelado que incluso estas poderosas bestias se desplazaban en manadas. Las áreas donde se han encontrado una gran cantidad de huesos juntos son el mejor indicio de la existencia de las manadas de dinosaurios. En un área de Alberta, Canadá, se encontraron juntos cientos de huesos de centrosaurios, una evidencia clara de una enorme manada, la cual probablemente se ahogó en una inundación, después de una tormenta.

TITANOSAURIOS ADOLESCENTES

Los fósiles de tres jóvenes titanosaurios se encontraron juntos. Los tres podrían haber muerto en una inundación y eran demasiado jóvenes y débiles para escapar junto con los adultos. Es posible que estos jóvenes titanosaurios se encontraran protegidos en una manada. Era menos probable que un dinosaurio adolescente vulnerable fuese escogido y aniquilado por un depredador si se encontraba rodeado por un gran número de adultos gigantes.

UNA OVEJA BLINDADA

Los protoceratops eran únicamente del tamaño de una oveja y su débil placa protectora del cuello era solo para lucirse. Los dinosaurios probablemente se movían en manadas ya que se les hacía más difícil defenderse de manera individual. Sabemos que eran vulnerables porque se encontró el fósil de un protoceratops con el esqueleto de un velociraptor envolviéndolo, como si ambos hubiesen muerto en medio de la batalla.

MURALLA DE CUERNOS

Tal como el buey almizclero y otras criaturas con cuernos de nuestros días, los triceratops deben haber formado una línea o un círculo defensivo para enfrentar juntos a su atacante. Esto seguramente debe haber sido bastante intimidante para cualquier depredador.

RÉCORDS ROTOS

Los dinosaurios más grandes eran los titanosaurios. Estos colosales saurópodos harían que cualquier animal terrestre vivo en la actualidad se mirara pequeño. Algunos eran más altos que un edificio de cinco pisos, tenían la longitud de al menos tres autobuses y el peso de diez elefantes africanos.

El mayor de los dinosaurios carnívoros, como el giganotosaurio, era todavía más pequeño que los saurópodos herbívoros. Sin embargo, estas feroces máquinas cazadoras superaron algunos récords en otras formas, al tener los dientes más grandes y las mordidas más poderosas. Además, eran capaces de matar dinosaurios mucho mayores que ellos.

ARMAS QUE SUPERARON RÉCORDS

Los dinosaurios tenían algunos de los dientes más filosos, las garras más largas, las colas más agresivas y las patadas más mortales, que se hayan conocido en la naturaleza. Los dientes eran las armas asesinas más importantes: El tiranosaurio rex ostentaba dientes que medían hasta 23 centímetros de largo; los dientes del giganotosaurio eran únicamente un poco más cortos, de unos 20 centímetros.

Un par de hambrientos giganotosaurios habrían sido rivales dignos incluso para un titanosaurio, con dimensiones que superaban cualquier récord de tamaño.

TITANES

Los titanosaurios, los dinosaurios más grandes, más largos y más pesados que hayan caminado sobre la Tierra, recibieron su nombre de los titanes, los poderosos dioses de la antigua Grecia. Uno de ellos era el antarctosaurio, el cual tenía una longitud calculada en unos 30 metros. Como un animal que pastaba, debe haber sido un gigante tranquilo que comía plantas todo el día, ¡a menos que lo atacaran!

EL GIGANOTOSAURIO: UN GIGANTE FEROZ

Debido a su tamaño, el giganotosaurio debe haber tenido un apetito voraz y el hambre debe haber superado cualquier temor de atacar a un titanosaurio. Una batalla entre estas dos enormes criaturas debe haber sido un espectáculo realmente sorprendente. El giganotosaurio debe haber atacado a su presa e intentado asestar una mordida fatal mientras evitaba ser barrido por la enorme cola, similar a un látigo, del titanosaurio.

LOS TITANOSAURIOS
PESOS PESADOS DE LOS DINOSAURIOS

Los súper pesos pesados del mundo de los dinosaurios eran los gigantes de los saurópodos: los titanosaurios. Su peso de 100 toneladas y sus largos cuellos y colas les permitían también romper récords de longitud.

DOBLE GANADOR

El argentinosaurio se convirtió en el dinosaurio que logró un récord doble como el más pesado (80 a 110 toneladas) y el más largo (hasta 35 metros) de todos los dinosaurios, después de que un guardabosques encontrara en 1987 su pierna fosilizada. La pierna era tan grande que el guardabosques creyó que era parte de un árbol. Se han empleado computadoras para calcular cómo se podía mover tal criatura y la respuesta fue, muy lentamente, a solo 8 km/h, incluso teniendo unas patas tan largas.

Antes de que su fósil se extraviara, se creía que el dinosaurio con el récord de tamaño y peso más grandes era el amficoelias. El fósil hallado, una sola vértebra de proporciones verdaderamente enormes, sugería a un animal de 60 metros de largo y un peso de más de 138 toneladas.

TITANES BLINDADOS

Algunos de los titanosaurios, como el saltasaurio, eran muy pesados, alrededor de unas once toneladas, pero no lo suficiente grandes como para que su tamaño los protegiera. En lugar de ello, el saltasaurio tenía placas y protuberancias óseas duras que cubrían su espalda para disuadir a los cazadores que quisieran morderlo.

ARGENTINOSAURIO CONTRA EL ELEFANTE AFRICANO

	ARGENTINOSAURIO	ELEFANTE AFRICANO
LONGITUD	35 metros	7.5 metros
ALTURA	21 metros	4 metros
PESO	109 000 kg	6350 kg
VELOCIDAD	8 km/h	40 km/h
ALIMENTO	Plantas	Plantas

LOS DINOSAURIOS MÁS PEQUEÑOS

No todos los dinosaurios eran gigantes de peso pesado. Muchos de ellos, en los periodos Jurásico y Cretácico, únicamente llegaban a la altura de la cadera de un ser humano, algunos solo a la altura de la rodilla. Pero incluso los más pequeños eran cazadores agresivos con mandíbulas repletas de dientes filosos y cortantes.

El compsognathus mantiene el récord del dinosaurio más pequeño sin plumas, que se haya encontrado. Pero incluso, todavía era más diminuto el emplumado microraptor, el cual mantiene el récord como el dinosaurio con plumas, similar a las aves, más pequeño. Ellos deben haber podido correr muy rápido en persecución de su presa, saltando encima de pequeños reptiles, insectos o peces.

CON PASO FIRME AL CAMINAR
Una cola larga ayudaba al compsognathus a mantener su equilibrio mientras corría detrás de su presa. Sus patas largas sugieren que era un corredor muy veloz.

GUSTO POR LAS LAGARTIJAS
El compsognathus, de tamaño menor al de algunos pavos, media alrededor de 1 metro de altura y es posible que haya comido pequeñas criaturas e insectos. El fósil de una infortunada lagartija se encontró en el estómago de un compsognathus fosilizado, en lo que fue su última comida antes de morir.

MANDÍBULAS DELICADAS
La palabra compsognathus significa "mandíbulas delicadas", sin embargo, estas no deben haber parecido muy delicadas a sus presas. Sus dientes eran filosos al frente y más planos pero aserrados en la parte de atrás.

EL SAQUEADOR

La palabra microraptor significa "pequeño saqueador". Este dinosaurio del tamaño de un cuervo, es el dinosaurio más pequeño con plumas, similar a un ave, que se haya descubierto, con una longitud de solo 40 centímetros. Bien podría haber usado sus extremidades emplumadas para planear de un árbol a otro; sin embargo, no estaba construido para volar de forma apropiada.

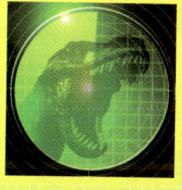 DETECTIVES DE DINOSAURIOS

¿Es pequeño o solo joven? Esta es la pregunta que los científicos deben hacerse cuando examinan los restos de un dinosaurio pequeño. El esqueleto más pequeño que se haya encontrado es el del mussaurio, de 37 centímetros de largo, sin embargo, en fechas posteriores se dio a conocer que era una cría y no un dinosaurio adulto.

EL MAYOR CAZADOR
EL ESPINOSAURIO

El premio para el cazador más grande se lo lleva este monstruo de apariencia mítica, el cual parece haber tenido la cabeza de un cocodrilo y el cuerpo de un dragón. Este fue uno de los más fantásticos dinosaurios y su nombre, espinosaurio, significa "lagarto con espinas".

NO CONTENGAS TU RESPIRACIÓN
El espinosaurio no tenía que contener su respiración mientras metía su hambriento hocico dentro del agua. Sus fosas nasales se encontraban más arriba en su cabeza, de manera que podían estar bastante fuera del agua para respirar con facilidad.

PIEL Y ESPINAS
La tremenda aleta dorsal del espinosaurio estaba formada por largas espinas de la columna vertebral, con piel estirada a través de las espinas. Probablemente se utilizaba para aterrorizar a otros dinosaurios o para controlar el calor de su cuerpo, o quizá para ambos fines.

TRAMPA
Como otros espinosáuridos, los dientes del espinosaurio eran diferentes de otros gigantes devoradores de carne. No solamente tenían más dientes, sino que estos eran más pequeños y rectos, con un grupo en forma de gancho al frente, ideal para atrapar y sujetar a un pez resbaloso.

ESTRELLA DE CINE

El espinosaurio obtuvo fama cuando fue presentado en la película *Jurassic Park III*. Estos monstruos de mandíbula estrecha eran incluso más grandes que el giganotosaurio y el tiranosaurio rex. También tenían hábitos alimenticios diferentes a los de esos carnívoros, prefiriendo rondar las orillas de los ríos y lagos para atrapar peces. El segundo premio es para el carcharodontosaurio, otro cazador enorme.

ESPINOSAURIO

INFORMACIÓN VITAL

Significado del nombre: Lagarto con espinas.

Familia: *Spinosauridae*.

Periodo: Cretácico inferior.

Tamaño: 5 metros de altura; 18 metros de longitud.

Peso: Posiblemente hasta 20 000 kilos.

Dieta: Pescado y quizá carne.

Subcampeón

El carcharodontosaurio era un carnívoro enorme y poseía uno de los mayores cráneos que alguna vez se hayan descubierto (1.53 m de largo). A pesar de que su cráneo era más grande que el de un tiranosaurio rex, tenía una cavidad cerebral mucho más pequeña, así que quizá no era tan brillante. Tenía enormes dientes curvados y aserrados para comer carne, los cuales medían hasta unos 20 centímetros de largo.

EL DINOSAURIO MÁS MORTÍFERO

El tiranosaurio rex es descrito con frecuencia como el dinosaurio más mortífero. Su esqueleto, en especial sus mandíbulas y sus dientes, es evidencia de su increíble ferocidad, fuerza y capacidad para matar. Durante más de 100 años mantuvo el récord del carnívoro más grande.

TRITURADOR DE HUESOS
El tiranosaurio rex tenía una mordida tres veces más poderosa que la de un giganotosaurio. Podía triturar huesos y perforar la más dura de las pieles. Sus dientes inclinados hacia atrás hacían prácticamente imposible que sus víctimas pudiesen escapar una vez que las había mordido.

EQUILIBRIO CON LA COLA
Su enorme y pesada cola mantenía su cuerpo erguido y le ayudaba a mantenerlo en equilibrio mientras lanzaba su cabeza y sus mandíbulas en contra de su víctima.

UN ARIETE
El tiranosaurio rex pudo haber utilizado su peso para empujar y derribar o aplastar a presas más pequeñas. Sus poderosas patas sostenían muy bien a este cuerpo gigante, pero debido a su tamaño es probable que no pudiese correr muy rápido. Como uno de los mayores dinosaurios asesinos, debe haber enfrentado pocos peligros de los que necesitara huir, no obstante, es posible que en ocasiones estos monstruos se hayan atacado entre ellos.

GRANDES COLMILLOS

Aun cuando no sabemos si tenía los dientes más filosos, el tiranosaurio rex poseía el récord de tener los dientes de dinosaurio más grandes. Los científicos también descubrieron que tenía la mordida más poderosa de todas las criaturas terrestres conocidas.

DETECTIVES DE DINOSAURIOS

Fisicoculturista

Al poner esqueletos fósiles juntos, es posible calcular dónde podrían haber estado colocados los músculos del tiranosaurio rex. La longitud de sus huesos y su estructura, nos proporcionan indicios de la fuerza y el tamaño de los músculos que este cazador habría necesitado para perseguir su alimento y matar a su presa. Los mismos huesos nos muestran cómo debe haberse destacado sobre muchos otros dinosaurios de la misma época.

Mordida poderosa

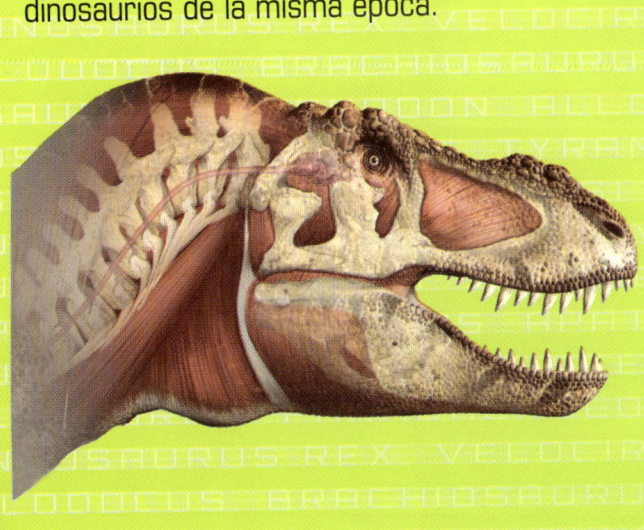

¿Cómo es que sabemos que el tiranosaurio rex tenía una mordida tan poderosa? Al escanear un cráneo es posible hacer un modelo en computadora de las mandíbulas y los músculos del dinosaurio. Entonces la computadora calcula la fuerza de su mordida cuando se tensan los músculos. La fuerza de sus dientes traseros superiores e inferiores golpeando entre ellos se pudo calcular entre tres y seis toneladas. Para tener una medida de comparación, la fuerza de una mordida humana es únicamente entre 110 y 130 kilos.

RASCACIELOS

El dinosaurio de mayor altura era el sauroposeidón, que significa "lagarto de Poseidón". Poseidón era el dios griego del mar y los terremotos. El sauroposeidón tenía la apariencia de un monstruo de la mitología, sin embargo, vivió en realidad en el periodo Cretácico y se alimentaba de plantas que alcanzaban gran altura.

Algunos de los dinosaurios más altos y más largos fueron los saurópodos. Eran herbívoros que se desplazaban en cuatro patas y usaban sus cuellos para alcanzar las hojas más altas. También los pueden haber usado para alcanzar plantas en áreas pantanosas, mientras mantenían sus patas seguras en tierra firme. Los saurópodos diplodócidos, como el supersaurio, tenían el cuello más largo de todos los dinosaurios.

CAMINANTE CON ZANCOS

El sauroposeidón caminaba en cuatro patas y tenía las dos del frente más largas que las traseras. Cuando los huesos del cuello fosilizados de esta criatura se descubrieron por primera vez, se creyó que eran troncos de árboles prehistóricos y para nada huesos debido a que eran demasiado grandes. Los científicos creen que este gigante alcanzaba hasta los 17 metros de altura, más alto que un edificio de cinco pisos. Los huesos del cuello tenían por dentro agujeros diminutos para hacerlos más livianos. Sin estos agujeros, el cuello y la cabeza habrían sido imposibles de levantar.

SÚPER CUELLO

El supersaurio (nombre que significa "súper lagarto") es un buen contendiente para obtener el récord del cuello más largo, pero no podemos estar seguros debido a que se han encontrado muy pocos fósiles de supersaurios. Sin embargo, al estudiar dinosaurios similares y los cuellos fosilizados que se han descubierto, los científicos calculan que su cuello era más largo que un autobús (14 metros). Como otros saurópodos, poseía una cabeza pequeña, lo que significa que su cerebro era relativamente pequeño, por lo que no debe haber sido el más brillante de los dinosaurios. Su cola larga y delgada podría haberse utilizado como un látigo para mantener a raya a los depredadores. Un fuerte coletazo podría haber ocasionado un daño grave o al menos le habría dado a un atacante una desagradable sorpresa.

EL SAUROPOSEIDÓN CONTRA LA JIRAFA

	SAUROPOSEIDÓN	JIRAFA
LONGITUD	34 metros	4.7 metros
ALTURA	17 metros	6 metros
PESO	54 000 kg	1600 kg
VELOCIDAD	8 km/h	Hasta 60 km/h
ALIMENTO	Plantas	Plantas

RÉCORDS DE HUEVOS DE DINOSAURIOS

La mayoría de los dinosaurios, desde los saurópodos gigantes, como el braquiosaurio, hasta los terópodos asesinos, como el tiranosaurio rex, comenzaron sus vidas como crías pequeñas y vulnerables que surgieron de huevos. De no haber sido ferozmente protegidos, los jóvenes dinosaurios habrían sido arrebatados y devorados como un alimento fácil de conseguir.

Incluso los dinosaurios más grandes provinieron de huevos sorprendentemente pequeños. Los huevos del terópodo medían únicamente de 10 a 15 centímetros de largo, mientras que los huevos de dinosaurio fosilizados más pequeños podrían fácilmente caber en la palma de una mano, ya que solo medían 6.5 centímetros de largo.

HUEVOS DEL TAMAÑO DE UN BALÓN DE FUTBOL

No se conoce mucho acerca del titanosaurio hipselosaurio, pero los huevos encontrados junto con sus restos fosilizados son todo un récord: fueron los primeros huevos de dinosaurio que se encontraron y también se encuentran entre los huevos más grandes que se hayan descubierto. Con 30 centímetros de largo, son del tamaño de balones de futbol americano. Los científicos creen que las crías de dinosaurio deben haber crecido muy rápido para alcanzar los tamaños gigantes que tenían de adultos, aunque también deben haber continuado su crecimiento durante el transcurso de sus vidas, tal como lo hacen algunos reptiles de nuestros días.

MUNDO CRUEL

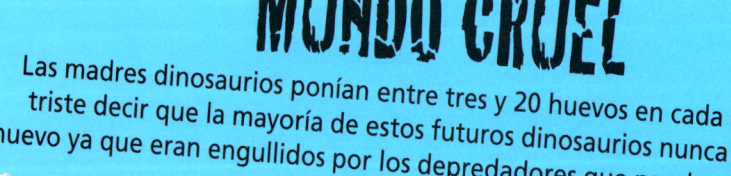

Las madres dinosaurios ponían entre tres y 20 huevos en cada ocasión. Es triste decir que la mayoría de estos futuros dinosaurios nunca salían del huevo ya que eran engullidos por los depredadores que pasaban por el lugar.

CACERÍA DE HUEVOS

Los huevos de dinosaurio son extremadamente raros. Se encuentran con mayor frecuencia en antiguas llanuras sujetas a inundaciones y en dunas de arena. El mayor depósito de huevos de dinosaurio que alguna vez se haya encontrado estaba en una antigua playa en el norte de España. Se descubrió en el año 2013 y contenía alrededor de 300 000 huevos. En raras ocasiones se encuentran embriones de dinosaurios dentro de los huevos.

PONIENDO HUEVOS EN LA HUIDA

Algunos de los huevos más grandes fueron puestos por el saurópodo apatosaurio. Es probable que las madres hayan puesto sus huevos mientras seguían caminando y no se interesaban en construir nidos o en cuidar a las jóvenes crías. Como todos los huevos de saurópodos, los huevos del apatosaurio eran en cierta forma esféricos. Los huevos del terópodo eran más alargados.

HUEVOS DE DINOSAURIO CONTRA HUEVOS DE AVESTRUZ

	HUEVO DE HIPSELOSAURIO	HUEVO DE AVESTRUZ
LONGITUD	30 cm	15 cm
ANCHO	25 cm	13 cm
VOLUMEN	2 litros	1.4 litros
PESO	7 kg	1.4 kg

LOS DINOSAURIOS MÁS VELOCES

En las llanuras de América del Norte, durante el periodo Cretácico, los dinosaurios más pequeños se enfrentaban a peligros mortales en la forma de dinosaurios asesinos, como el albertosaurio. Afectados por el pánico al ver a un depredador, su único medio de escapatoria era correr velozmente. Mientras más rápidos fuesen, más probable era que sobrevivieran, y se puede decir que no había nadie más rápido que el "dinosaurio avestruz".

Este extraño grupo de ornitomimosaurios, cuyo nombre significa "dinosaurios imitadores de aves", eran terópodos. Es probable que hayan sido omnívoros. Los más veloces de ellos, el dromiceiomimo y el estrutiomimo, fueron construidos para correr.

¿DEVORADOR DE INSECTOS?

Nadie sabe con exactitud lo que comía el dromiceiomimo, además de plantas. Su pico sin dientes, como el de un ave, y su débil mandíbula sugieren que no intentaba atrapar ninguna criatura viva que fuese grande. Sin embargo, podría haber atrapado insectos o lagartijas para complementar su dieta de plantas.

PATAS DE AVESTRUZ

El cuerpo del dromiceiomimo no se parece mucho al de un avestruz, pero sus patas delgadas, con sus largas tibias, le proporcionaban una velocidad al estilo del avestruz. Podía correr hasta unos 80 km/h, tan rápido como un coche en carretera.

PIES DE CORREDOR ESPRÍNTER

Así como los corredores esprínteres necesitan unas buenas suelas en su calzado deportivo para evitar resbalarse, este dinosaurio usaba las garras de sus tres dedos para un agarre adicional al suelo.

AERODINÁMICOS

El estrutiomimo era otro dinosaurio avestruz de América del Norte. Tenía una estatura similar al dromiceiomimo, pues medía 1.8 metros. Su cuerpo tenía una forma aerodinámica que le permitía correr con rapidez, y quizá haya estado cubierto con plumas. La cola lo ayudaba a mantener el equilibrio mientras corría. Sus brazos pequeños y sus garras con tres dedos únicamente deben haber sido lo suficiente fuertes para bajar ramas de los árboles o hurgar en los nidos de los insectos.

DETECTIVES DE DINOSAURIOS

Las huellas hechas por los dinosaurios son indicios que nos permiten saber qué tan rápido corrían. Sus tamaños y sus formas se pueden comparar con las de las criaturas similares que viven en la actualidad en la Tierra, tal como el avestruz; de esta manera se pueden calcular su estilo para correr y su velocidad.

LAS GARRAS MÁS LARGAS

Entre las armas de dinosaurio más mortíferas se encontraban las garras. El terizinosaurio tenía unas garras increíbles en sus brazos, las más largas de todos los dinosaurios. El utahraptor era el más grande de los raptores asesinos y mantiene el récord de contar con las patas con las garras más grandes de todo este grupo.

Las garras curvas y filosas del utahraptor seguramente eran unas armas temibles cuando atacaban y cuando se defendían. Sin embargo, las enormes garras en los brazos del terizinosaurio no se usaban para atacar a una presa, ya que se cree que este gigante de apariencia extraña era un dinosaurio herbívoro.

GARRAS DE GUADAÑA

Las garras del terizinosaurio (cuyo nombre significa "lagarto con guadañas") medían 58 centímetros de largo. Sus horribles manos con tres dedos se hallaban al final de unos brazos que se extendían a la increíble distancia de 2.45 metros. Las garras deben haberse utilizado para bajar ramas con el fin de comer hojas, para amedrentar a machos rivales o para defenderse de los cazadores carnívoros.

TERIZINOSAURIO

INFORMACIÓN VITAL

Significado del nombre: Lagarto con guadañas.

Familia: *Therizinosauridae*.

Periodo: Cretácico superior.

Tamaño: 10 metros de longitud.

Peso: Posiblemente hasta 2700 kilos.

Dieta: Plantas y quizá carne.

PATAS ATERRADORAS

Con una longitud de 7.6 metros, el utahraptor era probablemente el mayor de los raptores violentos. Las mortíferas garras con forma de hoz en sus dedos segundos de las patas podrían haber medido hasta unos 24 centímetros de longitud, esto es en sí todo un récord para un raptor. Estas garras podrían haberse utilizado para derribar hadrosaurios o saurópodos más pequeños, ya que con una patada podía desgarrar la piel. "Raptor" significa "secuestrador", y los dedos sujetadores del utahraptor se deben haber incrustado como una sanguijuela a la carne de sus víctimas.

FUERTES COMO TANQUES

PROTECCIÓN

En el año 2003, se descubrió en México un cráneo de un dinosaurio gigante, el cual poseía los cuernos más asombrosos que se hayan visto jamás. Con anterioridad se habían visto cuernos grandes en dinosaurios como el triceratops, pero estos cuernos del coahuilaceratops impusieron un nuevo récord.

El cráneo gigante del coahuilaceratops medía 1.8 metros de largo, con cuernos que crecían exactamente arriba de los ojos. Estos cuernos podían medir alrededor de 2 metros de longitud. El dinosaurio tenía un cuello grueso y fuerte para poder soportar su peso.

CUERNOS HORROROSOS

Los dinosaurios ceratópsidos, como el coahuilaceratops, eran herbívoros. Sus cuernos eran para su protección (para protegerse de los depredadores y de los machos rivales), y es probable que también para atraer a las parejas. Los duelos entre pares de coahuilaceratops quizá hayan acabado con lesiones graves e incluso la muerte para al menos uno de los contrincantes.

HERBÍVORO CON PLACAS PROTECTORAS

El dinosaurio con la mayor protección sin lugar a dudas fue el anquilosaurio. Este era un herbívoro del Cretácico superior que poseía un poderoso escudo protector formado por placas de huesos, con protuberancias y picos, que hacía muy difícil que los cazadores pudiesen atraparlo con sus dientes. La cabeza estaba protegida por gruesas placas de huesos y cuatro cuernos puntiagudos que sobresalían en la parte posterior. La pesada protuberancia al extremo de su cola podía aplastar huesos cuando se azotaba en contra de los atacantes.

EL COAHUILACERATOPS CONTRA EL RINOCERONTE

	COAHUILACERATOPS	RINOCERONTE
LARGO	6.7 m	3.8-5 m
ALTURA	1.8-2.1 m	1.5-1.8 m
PESO	3630 kg	1800-2700 kg
CUERNOS	Dos cuernos	Dos cuernos
LARGO CUERNOS	Hasta 2 m	Hasta 1.3 m entre ambos

CIELOS SALVAJES

Mientras los dinosaurios dominaban la tierra firme, los pterosaurios eran los tiranos del cielo. Estos poderosos reptiles volaban sobre el mar, las costas y en ocasiones tierra adentro, atrapando insectos, peces vivos o destrozando carroña.

Algunos poseían fuertes picos sin dientes, mientras otros tenían dientes muy afilados. Estos reptiles voladores aparecieron hace unos 200 millones de años y estuvieron en su apogeo al final del periodo Jurásico. Su tamaño abarcaba desde el cuerpo de un ave pequeña, hasta monstruos tan grandes como una aeronave ligera. Lanzándose en picada y planeando, los pterosaurios podían zambullirse en el mar para atrapar peces o elevarse por encima de la tierra, con la seguridad de no ser atrapados por las mandíbulas de los hambrientos dinosaurios. Los pterosaurios se dividen tradicionalmente en dos tipos: los pterodáctilos y los ramfarincoideos.

Pterosaurios alados se elevan por encima de las costas en el periodo Jurásico, fuera del alcance de los dinosaurios que se mueven abajo en tierra.

MARAVILLAS ALADAS

La palabra pterosaurio significa "lagarto alado". Cada una de las alas de estos reptiles estaba hecha con piel o una membrana elástica de piel. La membrana se estiraba desde el cuerpo, y por toda la extremidad, hasta un cuarto dedo súper largo. Los otros dedos tenían garras. El ala era delgada pero resistente para volar, y no se rasgaba con facilidad.

TERROR CON DIENTES FILOSOS

El ranforrinco tenía colmillos largos, un pico puntiagudo y alas con una envergadura de 1.8 metros con una estabilidad perfecta para un cazador de peces. Con sus anchas alas podía volar a baja altitud sobre el mar o los lagos, utilizando su aguda vista para buscar alimento.

CANASTA DE PECES
Este cazador de peces quizá haya tenido una bolsa en su garganta, tal como los pelícanos, de manera que podía atrapar varios peces en una pasada.

TIMÓN CON FORMA DE DIAMANTE
La cola larga tenía en la punta un alerón con forma de diamante, el cual es probable que le ayudara con la dirección del vuelo a través del aire, tal como el timón de un bote.

HOCICO DE PICO
La palabra ranforrinco significa "hocico de pico". Su pico sobresaliente tenía 34 dientes filosísimos (diez pares arriba y siete abajo). Los dientes sobresalían a los lados y al frente, como una jaula con picos donde incluso el pez más resbaloso no podía escapar.

Su método de pesca quizá haya sido sumergir su pico dentado bajo el agua, abrir su boca y atrapar a su presa. Algunos científicos creen que podría haber atrapado a varios peces en un solo intento con la técnica de ir barriendo la superficie, es decir ir dragando con su boca abierta como un arado submarino. Su nombre revela a cuál de los dos grupos de pterosaurios pertenece: es un ramfarincoideo, no un pterodáctilo. Los ramfarincoideos tenían colas más largas que los pterodáctilos.

Rostro de Colmillo

El eudimorfodón, otro ramfarincoideo, tenía más de 100 dientes, y algunos de sus dientes tenían más de una punta. Esta cantidad enorme de dientes era mortal para cualquier pez que atrapara ya que no le permitía escapar. Las largas garras curvadas de sus patas podían sujetarse en los árboles o en los riscos. Desde estos lugares de observación podía lanzarse a volar con facilidad. El eudimorfodón es uno de los pterosaurios más antiguos que se conocen.

DETECTIVES DE MONSTRUOS VOLADORES

¿Cómo sabemos lo que comían los pterosaurios? El tipo de dientes es un indicio, pero la mejor evidencia son los contenidos estomacales fosilizados de las criaturas, como las escamas de pescado encontradas en el estómago de un eudimorfodón.

PTERANODONTES
SORPRENDENTES CABEZAS DE HACHA

Con una envergadura de sus alas tres veces mayor que la de un águila dorada y una cabeza puntiaguda más larga que su cuerpo, el pteranodonte era un pterosaurio sorprendente. Es probable que estos monstruos se elevaran sobre las costas, zambulléndose para atrapar algún pez, calamar o alguna otra criatura del mar de finales del periodo Cretácico.

A pesar de que sus mandíbulas no tenían dientes, eran muy poderosas. Algunos pteranodontes tenían una gran cresta en la cabeza que apuntaba hacia atrás, dándoles la agresiva apariencia de una forma de hacha. Como todos los pterodáctilos, el pteranodonte carecía de cola, así que la cresta podía haber servido como un timón que lo ayudaba a girar cuando se lanzaba a volar a través del cielo.

PRESUMIDOS
El pteranodonte es famoso por su cresta. Los fósiles encontrados muestran que las crestas variaban en tamaño y que algunas eran bastante pequeñas. Esto sugiere que en vez de ayudar con el vuelo, se podrían haber utilizado por los machos para atraer a sus parejas. Si ese era el caso, entonces es muy probable que las crestas tuvieran patrones de dibujos con colores vivos.

PICO BESTIAL
El pico del pteranodonte medía 1.2 metros de longitud, más largo que su cuerpo. Su forma le permitía sumergirse a cierta profundidad, atrapar un pez y engullirlo por completo.

LANZADO EN EL AIRE

El pteranodonte se debe haber movido en la playa con sus cuatro patas mostrando cierta torpeza. Algunos científicos creen que el pteranodonte quizá se haya lanzado en el aire desde rocas elevadas. Otros creen que podría haber descendido y luego emprendido el vuelo desde la superficie del agua, como hacen las gaviotas de nuestra época.

AVIÓN ULTRALIGERO

Sus alas eran tan amplias como las de un avión ultraligero, reforzadas con cartílago y soportadas con hueso. Con alas de este tamaño, el pteranodonte habría volado sin mucho aleteo. A pesar de su tamaño, el monstruo podría haberse movido con rapidez para atrapar peces con facilidad.

ENTONCES Y AHORA

En la película *Jurassic Park III*, los pteranodontes se muestran llevándose por el aire a personas con sus garras. ¿Esto pudo haber ocurrido en la realidad? Después de examinar los huesos fosilizados del pteranodonte y calculando la fuerza muscular que tenían, es evidente que no podían haber sido los suficiente fuertes para hacer esto. Sin embargo, podían haber volado transportando a un pescado grande, tal como lo hace un águila en nuestros días.

MANDÍBULAS SOBRESALIENTES

PTEROSAURIO

Las temibles mandíbulas del pterosaurio tenían toda clase de formas raras. Algunos pterosaurios, como el cearadáctilo, tenían mandíbulas similares a las del cocodrilo, mientras que las mandíbulas del pterodaustro se parecían a las de un flamingo de la actualidad.

Otros pterosaurios tenían mandíbulas en forma de cucharas, vueltas hacia arriba o con crestas. Los pterosaurios se adaptaron para aprovechar mejor sus entornos y para conseguir el alimento que necesitaban para sobrevivir. Sus mandíbulas tenían una forma especial para capturar y comer peces, mariscos, insectos y carroña, de esta manera tenían las herramientas perfectas para morder, triturar y filtrar la comida.

SIN ESCAPATORIA

Al extremo de las mandíbulas del cearadáctilo, similares a las del cocodrilo, había un semicírculo de dientes filosísimos que se trababan entre ellos. Una vez atrapado, ningún pescado podía escapar de esta trampa mortal. El resto de los dientes eran pequeños y menos filosos. Esto sugiere que no se molestaba con masticar y es probable que se comiera entera a su presa.

UN APRETÓN DE PINZAS

Las mandíbulas del dsungaripterus tenían la punta volteada hacia arriba y esta se podría haber usado para hacer palanca a los moluscos que colgaban de las rocas. Más hacia atrás en la mandíbula había un diente, como una protuberancia ósea. Con las mandíbulas apretadas con fuerza, como pinzas, estas protuberancias deben haber triturado y sacado a las presas de sus conchas.

¿UN FLAMINGO DE APARIENCIA MALVADA?

Las largas mandíbulas curvadas de un pterosaurio sugieren que este animal era un devorador con filtro. Al bajar su cabeza hacia el agua, podía ir recogiendo la superficie del agua dentro de su boca. Cualquier organismo vivo en el agua quedaría atorado en la enorme cantidad de púas, unas 500 o algo así, que tenía en la mandíbula inferior. Entonces, un gran número de pequeños dientes sin punta en la mandíbula superior cepillaban los alimentos entre las púas hacia su garganta. Debido a que la comida que probablemente comía, como camarones, era de color rosa, su cuerpo debe haber sido de ese color, tal como ocurre con el flamingo.

EL PTERODAUSTRO CONTRA EL FLAMINGO

	PTERODAUSTRO	FLAMINGO
CUBIERTA	Piel	Plumas
LONGITUD	130 cm	106 cm
ENVERGADURA	3 m	1 m
PESO	2-4.5 kg	2-4 kg

EL DIMORFODÓN

CAZADOR CON DIENTES EN EL PICO

El dimorfodón era un temible cazador de peces e insectos. Su cabeza era inusualmente grande debido a sus mandíbulas profundas y a su gran número de dientes puntiagudos, los cuales eran ideales para empalar a los peces y transportarlos. Es probable que haya vivido en riscos o arriba de los árboles, volando desde ahí para cazar en busca de alimento y mantenerse alejado de los dinosaurios depredadores.

MORDIDAS GRANDES
Su pico profundo le permitía dar mordidas grandes y atrapar grandes cantidades de peces. Un pico tan grande también le hacía más fácil atrapar insectos mientras volaba. Es probable que haya tenido patrones de dibujos para lucir, como un frailecillo o un tucán, quizá mostrando su presencia durante la época de reproducción.

ALETEANDO PARA ATRAPAR PECES
Las alas del dimorfodón no eran tan amplias como las de algunos pterosaurios, así que tenía necesidad de aletear con más fuerza y más rápido para dragar la superficie de los mares.

GARRAS SUJETADORAS
El dimorfodón tenía unas garras sujetadoras tanto en sus manos como en sus patas, por lo que podía aferrarse con seguridad a los troncos de los árboles o a las orillas estrechas de los riscos frente al mar.

LIGERO PARA VOLAR

El cráneo del dimorfodón era grande, pero contenía espacios vacíos para hacerlo más ligero y poder volar. A pesar de su profundidad, su pico era estrecho y aerodinámico de manera que podía cortar el aire al volar. Si descansaba en tierra, probablemente se arrastraba sobre sus dos fuertes piernas y sus alas. Para despegar, las alas eran usadas como palancas, tal como un saltador de garrocha usa esta para saltar a mayor altura.

Lanzas en la boca

El pico del dimorfodón albergaba un armamento mortal. Su nombre significa "dientes con dos formas" y esto se debe a que poseía dos tipos de dientes: los lados de sus mandíbulas estaban revestidos con 40 dientes pequeños y filosos, y al frente tenía dos dientes más grandes para hacer perforaciones.

EL DIMORFODÓN CONTRA EL FRAILECILLO

	DIMORFODÓN	FRAILECILLO
LONGITUD	1 m	25 cm
ENVERGADURA	1.2-1.8 m	47-63 cm
PESO	2267 g	500 g
VELOCIDAD	Desconocida	88 km/h
PATAS	Con garras	Palmeadas

AMIGOS PELUDOS

Los ramfarincoideos eran animales de sangre caliente y probablemente tenían pelo, lo cual los hace parecer casi agradables. Pero con toda seguridad no eran nada amigables con los peces, los insectos y otras criaturas que cazaban.

Según fueron apareciendo más tipos de ramfarincoideos, sus tácticas de caza y alimentación se volvieron más variadas. Extrañas adaptaciones los hicieron parecer como monstruos y los científicos han buscado explicaciones para sus raras características corporales.

DIENTES ASESINOS

El jeholopterus tenía un tamaño aproximado al del gato doméstico, con una envergadura de un metro. Poseía unos colmillos largos y fuertes en su mandíbula superior, mucho más grandes que el resto de sus dientes, como los colmillos de una serpiente de cascabel o de un murciélago vampiro. Esto ha llevado a algunos científicos a especular que podían haber sido criaturas que succionaban la sangre. Las garras del jeholopterus también eran más filosas y grandes que las de la mayoría de otros pterosaurios. Sus mandíbulas estaban hechas para abrirse ampliamente, pero la mayoría de los científicos creen que esto era para atrapar insectos en pleno vuelo, no para morder dinosaurios.

ENTONCES Y AHORA

¿Podía el jeholopterus haber sido un animal succionador de sangre como un murciélago vampiro de la actualidad? Algunos científicos han sugerido que podía haber utilizado sus largos colmillos para perforar la gruesa piel de los dinosaurios y succionar su sangre. También sugieren que podría haber usado sus filosas garras para sujetarse a la piel de los dinosaurios mientras este atacaba. Sin embargo, existe poca evidencia para respaldar esta teoría.

HORROR CON PELO

Incluso el nombre de este ramfarincoideo, sordes, es atemorizante. Sordes significa "inmundicia" y, ¡es una referencia a los espíritus malignos en las narraciones populares! El primer fósil del sordes que se encontró tenía una extraña cubierta similar al pelo. Aparte de su cola y sus alas desnudas, pequeños pelos cubrían todo el cuerpo de la criatura. Esto llevó a los científicos a concluir que los pterosaurios no eran para nada asesinos de sangre fría, eran de sangre caliente, ¡como las aves! Además de ayudarlos a mantenerse calientes, una protección de pelo actuaba como un silenciador, reduciendo el sonido de su cuerpo en vuelo, de tal manera que pudiese tomar por sorpresa a su presa con mayor facilidad.

QUETZALCOATLUS

BUITRE GIGANTE

El quetzalcoatlus, aterrador y majestuoso, se elevaba a través de los cielos del periodo Cretácico. Era la mayor criatura voladora conocida que haya vivido en la Tierra, y un gigante comparado con la más grande de las aves (el errante albatros). En busca de alimento, quizá haya atrapado peces en el mar, despedazado carroña o buscado en lagos o playas poco profundas por crustáceos y mariscos.

La serpiente emplumada

El quetzalcoatlus recibió su nombre en honor a Quetzalcóatl, la mítica serpiente emplumada, adorada por los antiguos pueblos de México, como los toltecas y los aztecas. A pesar de que quetzalcoatlus no tenía plumas, sus delgadas mandíbulas, su cuello largo, su cresta en la cabeza y su tamaño, deben haberle proporcionado una apariencia asombrosa, incluso comparado con los poderosos dinosaurios de la época.

El quetzalcoatlus incluso quizá haya atacado a los dinosaurios pequeños o bebés. Un dinosaurio herido podría haber sido un hallazgo afortunado para esta colosal y hambrienta criatura voladora.

VOLADOR TRASATLÁNTICO

El quetzalcoatlus tenía un peso ligero, con un esqueleto de huesos huecos y sin dientes pesados, no obstante que tenía unas alas enormes. Esto significaba que podía viajar grandes distancias, sin escalas, lo cual puede hacer un avión de pasajeros en la actualidad. Al elevarse en las corrientes de aire caliente y planear en las brisas, difícilmente necesitaba aletear con sus enormes alas. Para encontrar alimento, podía volar a velocidades de 130 km/h y a distancias tan grandes como los 19 300 kilómetros, ¡lo cual es casi media vuelta alrededor del mundo!

EL QUETZALCOATLUS CONTRA UNA AERONAVE ULTRALIGERA

	QUETZALCOATLUS	AERONAVE ULTRALIGERA
ENVERGADURA	11 m	9 m
PESO	100 kg	300 kg
VELOCIDAD	130 km/h	250 km/h

CONTENDIENTES CON CRESTA

El nictosaurio poseía una de las crestas más grandes de todos los pterosaurios. La cresta con hueso y forma de L era enorme, con una longitud de 0.5 metros, cuatro veces más grande que su cráneo.

Este poderoso adorno quizá se haya utilizado para ahuyentar a otros pterosaurios que contendían por los mejores territorios para alimentarse. Tal como los venados usan sus astas en los combates durante la temporada de apareamiento, el nictosaurio macho quizá lo haya usado para llevar a cabo batallas en medio del aire, blandiendo su cresta como una espada mientras se impulsaba por el aire.

CARENTE DE GARRAS
Misteriosamente, no hay ninguna garra en el segundo, tercer y cuarto dedos de las manos del nictosaurio. Sin estas, no podría haber sido capaz de sujetarse de los riscos o de los árboles, así que es probable que pasara la mayor parte de su tiempo dando vueltas en el aire.

ELEVÁNDOSE E IMPULSÁNDOSE
La forma del cuerpo del nictosaurio y sus alas sugieren que era un excelente animal volador, capaz de girar rápidamente y atrapar corrientes de aire que podían incrementar su velocidad mientras se elevaba.

HARPONEADOR DE PECES
Tenía el pico largo y puntiagudo que le servía para harponear a los peces cuando se sumergía en el mar.

PEQUEÑO VOLADOR

El pequeño pterosaurio, el tapejara, tenía una cresta formada por dos huesos con una aleta de piel estirada a través. Esta era probablemente más para lucimiento que para volar. Volaba por cortos periodos durante el día y la noche, atrapando peces con su pico. El pico corto y hacia abajo era fuerte, y algunos científicos creen que su forma se había adaptado para poder comer frutas, no peces, mientras que otros piensan que se podría haber usado para despedazar la carne de los cadáveres.

VELA DE PIEL
Aun cuando no existe ninguna evidencia en los fósiles, un aditamento de piel debe haberse extendido a través de la cresta del nictosaurio como una vela. Esta podría haber sido para lucimiento o para ayudar en la aerodinámica del vuelo. Con un giro de la cabeza una cresta con vela podría haber atrapado una brisa o corriente de aire, lo que habría permitido unos cambios rápidos de dirección en medio del aire.

INFORMACIÓN VITAL

NICTOSAURIO

Significado del nombre: Lagarto nocturno.

Familia: *Nyctosauridae*.

Periodo: Cretácico superior.

Tamaño: 2.9 metros de envergadura.

Peso: De 5 a 10 kilos.

Dieta: Peces.

ASESINOS CON VISTA AGUDA

Para atrapar un pez, los pterosaurios debían tener una vista muy aguda, así como cerebros que pudiesen responder con rapidez a lo que vieran, de manera que pudiesen dirigirse de inmediato hacia su presa. El anhanguera tenía un cerebro grande, así que era capaz de mantener un ojo en un blanco mientras nadaba, al mismo tiempo que coordinaba su vuelo para atraparlo con éxito.

PIERNITAS RIDÍCULAS
Cuando el anhanguera se sentaba quizá se haya visto muy extraño. Sus pequeñas patas deben haberse extendido a cada lado de su cuerpo, ya que no fueron desarrolladas para meterse perfectamente por debajo, como las de un ave.

VIEJO DIABLO
En el periodo Cretácico los pterosaurios lograron evolucionar algunas características de apariencia extraña. El anhanguera, cuyo nombre significa "viejo diablo", tenía crestas en el extremo de su mandíbula superior y su mandíbula inferior. Sus dientes eran filosos y sobresalían al final, como una red de pescar hecha de puntas huesudas.

ALAS SENSIBLES
Las alas eran controladas por el cerebro y también podían sentir cualquier movimiento del viento que pudiera ayudar u obstaculizar su vuelo.

DETECTIVES DE MONSTRUOS VOLADORES

Los cráneos fosilizados de los pterosaurios nos brindan información acerca del tamaño y las diferentes partes de sus cerebros. Unos "lóbulos ópticos" grandes muestran que su visión era buena. Unos "lóbulos auditivos" pequeños sugieren que los pterosaurios no tenían un sentido del oído muy bueno.

MUY GRANDE

El ornitoquerio tenía una envergadura de unos 5 metros, lo cual lo convertía en el reptil volador más grande del Cretácico medio. Poseía una cresta en su pico, pero a diferencia del anhanguera, tenía una forma semicircular y se hacía más delgada cerca del extremo. Esto quizá podía haber ayudado a empujar su boca a través del agua mientras nadaba sobre la superficie del mar. Sus dientes no sobresalían a los lados, así que en lugar de una boca parecida a una red de pesca, poseía el armamento necesario para atrapar de un mordisco a peces más grandes.

DEVORADORES SIMILARES A AVES

Las primeras criaturas similares a las aves no eran como la mayoría de las aves que conocemos en la actualidad, ellas tenían armas despiadadas parecidas a las de los dinosaurios, como alas con garras y también dientes filosos y puntiagudos. El arqueopterix es la criatura más antigua de este tipo que se conoce, la cual vivió con los dinosaurios en el periodo Jurásico.

El arqueopterix tenía plumas similares a las de las aves de la actualidad, las cuales le permitían volar. Las plumas también le habrían ayudado como material aislante del cuerpo, manteniéndolo caliente y seco.

¿PLUMAS DE COLORES VIVOS?

Sabemos que algunas de las plumas del arqueopterix eran negras, pero como ocurre con algunas de las aves de la actualidad, es probable que hayan sido de colores vivos para una mejor comunicación, por ejemplo, para atraer a una pareja. Sabemos que otras criaturas prehistóricas similares a aves, como el sinosauropterix tenían plumas con patrones de colores y quizá también el arqueopterix.

DEDOS LARGOS

Sus brazos se habían desarrollado como alas, pero todavía conservaban dedos con garras, tal como ciertos dinosaurios, por ejemplo, el trodón. Es probable que este pudiera plegar sus alas hasta su pecho y colocar sus garras una sobre otra.

DIENTES PARA MORDER

El arqueopterix era del tamaño de un cuervo. Pero a diferencia de las aves actuales, poseía dientes filosos y puntiagudos para morder y despedazar a su presa.

PATAS LARGAS

Las patas largas con sus garras le permitían al arqueopterix sujetarse de ramas de árboles si era necesario, pero también podía caminar por el suelo sobre sus fuertes patas para buscar alimento.

COLA CON HUESOS

La cola del arqueopterix estaba formada con huesos en lugar de estar hecha solo de plumas. Su cuerpo era pesado en comparación con el de las aves actuales, así que quizá no haya sido una buena ave voladora. Para estas aves primitivas, el vuelo debe haber sido como un salto extendido, volando por cortos tramos antes de planear para aterrizar de nuevo en el suelo.

LOS PRIMEROS PICOS

El confuciusornis no tenía dientes y fue una de las primeras aves en tener pico. No obstante, su pico quizá haya sido lo suficiente filoso como para asestar una mordida despiadada, como un ganso en la actualidad. Tenía las plumas más largas, en comparación con su cuerpo, de todos los demás ancestros de aves que se conocen. Sin embargo, es probable que la carencia de una cola con forma de ventilador para volar significara que no era un ave voladora ágil, en especial a bajas velocidades. Los restos fósiles muestran que su plumaje tenía colores diferentes, que incluían el rojo, el café y el negro.

DETECTIVES DE MONSTRUOS VOLADORES

El hallazgo del arqueopterix fue un importante descubrimiento porque ayudó a mostrar cómo se desarrollaron las aves a partir de los dinosaurios. Este era un eslabón que faltaba en la cadena evolutiva, el cual poseía características de los dinosaurios terópodos (una cola con huesos y unos dientes filosos), y características de las aves de nuestros días (plumas y un hueso ahorquillado entre el cuello y el pecho).

MONSTRUOS MARINOS

Una gigantesca tortuga marina lucha por liberarse de las mortíferas mandíbulas de un voraz tilosaurio.

Algunas de las criaturas más mortíferas y extrañas que alguna vez vivieron en la Tierra, nadaban en las aguas de los tiempos prehistóricos. Había los temibles "lagartos marinos", como el tilosaurio, tortugas gigantes, tiburones aterradores, ictiosaurios con enormes mandíbulas y plesiosaurios de cuellos muy largos.

Los grandes depredadores como el tilosaurio, un mosasaurio que nadaba muy rápido, eran asesinos temibles, que con facilidad devoraban a la más grande de las presas, como las tortugas y los tiburones. El tilosaurio incluso debe haberse alimentado con la carne de los dinosaurios, ya que se han encontrado marcas de dientes de tilosaurio en el cuerpo de un hadrosaurio.

GIGANTES DEL OCÉANO

El océano prehistórico contenía algunas versiones gigantes de ciertas criaturas que conocemos en la actualidad. Por ejemplo, el arquelón era la mayor tortuga que se haya conocido. Esta tortuga, que medía unos cuatro metros de largo y tenía el peso de un coche familiar, poseía un caparazón cubierto de cuero y atrapaba a sus presas, como las medusas y los moluscos, utilizando su poderoso y filoso pico. El arquelón quizá haya vivido hasta unos 100 años y es probable que incluso hibernara en el fondo del océano.

MOLUSCOS IMPACTANTES

En el periodo Devónico, los mares prehistóricos estaban repletos de criaturas con caparazón, de apariencia muy extraña. Las más conocidas eran los trilobites y las amonitas, ya que con frecuencia se encuentran fósiles sorprendentes de sus exoesqueletos.

Las amonitas tenían caparazones en forma de espiral que podían crecer hasta alcanzar tamaños enormes. Muchas de ellas, como las oxynoticeras, eran buenas nadadoras, mientras que otras criaturas eran habitantes del fondo y nadadoras lentas. Se cree que evitaban a los depredadores mediante el lanzamiento de chorros de tinta, como los pulpos y los calamares de nuestros días.

FLOTADORES
El caparazón de la amonita era lo suficiente resistente para permitirle nadar a grandes profundidades sin ser aplastada por la enorme presión del agua. Las cámaras internas podían llenarse con gases para ayudar a la amonita a flotar hacia la superficie cuando deseaba elevarse.

CRIATURA BLANDA
Exactamente dentro de la entrada a la concha en espiral estaba escondido el cuerpo blando de esta amonita hildoceras. Esta lanzaba chorros de agua desde su cuerpo para salir disparada a gran velocidad a través del agua, con frecuencia moviéndose con otras criaturas en grandes grupos en busca de alimento.

MANDÍBULAS APLASTANTES
Sus tentáculos se extendían para atrapar su alimento y luego este era jalado hacia el interior de su trompa oculta. Se cree que este monstruo sobrevivió en los organismos microscópicos que llamamos plancton.

APRETADO COMO UN BALÓN

Los trilobites sobrevivieron durante más de 270 millones de años, cazando, alimentándose de carroña y por filtración, en el fondo del océano. Hubo muchos tipos de trilobites, ahora extintos, pero todos ellos están relacionados con las cucarachas y los ciempiés de la actualidad. Se despojaban de su exoesqueleto protector en varias ocasiones mientras se hacían más grandes y uno nuevo crecía en su lugar. Grupos de hasta mil criaturas se arremolinaban para mantenerse seguras mientras aguardaban a que se desarrollara su caparazón nuevo. Cuando se enfrentaban a algún peligro, se hacían un ovillo para mantener protegidas las áreas blandas en la parte inferior de sus cuerpos.

AMONITA

INFORMACIÓN VITAL

Significado del nombre: Nombrada en honor del dios egipcio Amón.

Familia: *Hildoceratidae*.

Periodo: Devónico a Cretácico.

Tamaño: Hasta 2 metros de diámetro.

Peso del fósil: De 5 a 10 kilos.

Dieta: Plancton.

El caparazón en espiral de la amonita se dividía en cámaras individuales. La criatura vivía en la cámara más grande y más exterior de todas. Cuando se volvía demasiado grande para estar en una cámara, desarrollaba otra y se mudaba ahí. Los científicos calculan que le tomaba unas cuatro semanas para desarrollar una cámara nueva, así que podían elaborar unas 13 por año. Puedes calcular la edad de una amonita al contar las cámaras que hay en su caparazón.

CAMEROCERAS
TERROR CON TENTÁCULOS

Si fueras a nadar en los mares de finales del periodo Cámbrico, podrías ser lo bastante infortunado para encontrarte con un aterrador cameroceras. Este enorme monstruo similar al calamar, podría haber medido hasta unos nueve metros de largo, siendo el mayor molusco (invertebrados con cuerpo blando) que se haya conocido alguna vez, así como un gran depredador.

CUERNO DESCOMUNAL
El caparazón en forma de cuerno de esta criatura estaba hecho de cámaras separadas, como el de una amonita (el nombre de cameroceras significa "cuerno con cámaras"). Según crecía el animal, el caparazón también crecía para adaptarse a su tamaño en aumento. El animal vivía en la tercera parte superior del caparazón, la más cerca a la abertura, de manera que así podía estirarse y atrapar a su presa. Las cámaras traseras del caparazón se podían llenar de gases para ayudar a la criatura a moverse hacia arriba o hacia abajo en los océanos.

UN AGARRE MUY FIRME
El cameroceras tenía numeroso tentáculos largos, con ganchos pegajosos, que usaba para atrapar a su presa.

Es probable que el cameroceras se alimentara de cualquier presa que se aproximara dentro del área de alcance de sus terroríficos tentáculos, como los peces carentes de mandíbulas que habitaban los mares en esos tiempos.

¿ERA UN CANÍBAL?
En ocasiones, el cameroceras es ilustrado como un caníbal que se come a los más jóvenes de su grupo. Los científicos no pueden estar seguros de cuál era su dieta o cómo era su forma de cazar. Únicamente se han encontrado sus caparazones fosilizados, toda evidencia de sus cuerpos blandos se pudrió por completo, sin dejar ningún indicio que perdurara, así como los contenidos de sus estómagos.

RASTREANDO A SU PRESA

Tal como el calamar de nuestros días, el cameroceras podría haber rastreado a su presa siguiendo los aromas o mediante el empleo de sus ojos de alta resolución. Debido a que era tan grande quizá haya permanecido en el suelo del océano, yaciendo en espera de emboscar a las criaturas que pasaban cerca. Una vez que la presa era ubicada y capturada, la comida era jalada hacia adentro de su trompa en forma de cuerno y pico. De esta manera, la presa tenía muy poca oportunidad de escapar.

ENTONCES Y AHORA

Los cálculos acerca del tamaño del cameroceras se basan en una parte de su caparazón que se encontró fosilizado. Los científicos pueden suponer acerca de cómo vivía, al estudiar las especies relacionadas con el que existen en la actualidad, como la jibia, el pulpo y el calamar (como el que aquí se muestra).

LOS ATERRADORES TIBURONES

Tal como hoy en día, los tiburones fueron el mayor terror de los mares en los tiempos prehistóricos. Pero incluso, regresando a ese entonces, los tiburones eran más grandes y más mortíferos. Con un peso de 110 toneladas, el megalodón merodeaba los mares en busca de los dinosaurios que habían muerto; este es el mayor depredador marino que haya habido en la historia de este planeta.

El megalodón tenía una longitud mayor que un autobús escolar, eso es tres veces más largo que el gran tiburón blanco de la actualidad. Sus dientes medían más de 15 centímetros de largo y están considerados como los mayores destazadores de carne en el mundo prehistórico. Pero no solo eso, el megalodón tenía la mordida más poderosa de cualquier otra criatura que haya existido, con una fuerza de entre 12 y 20 toneladas, lo suficiente para aplastar el cráneo de una ballena.

 **DETECTIVES** DE CRIATURAS MARINAS

En un principio se pensó que los dientes fosilizados de los tiburones prehistóricos eran lenguas ya que eran demasiado grandes. Un diente de un megalodón, como el que aquí se muestra, era similar al diente de un gran tiburón blanco de la actualidad, triangular, filoso y aserrado. Los dientes aserrados actuaban como las muescas en una sierra y cortaban toda la carne cuando el tiburón sacudía a su presa de un lado a otro.

SIN ESCAPATORIA
Las grandes aletas le permitían giros veloces, de manera que el megalodón era un cazador ágil. Podía haber perseguido ballenas hasta la superficie cuando necesitaban tomar aire. Entonces, el tiburón atacaría desde abajo y quizá mordería el vientre de la ballena antes de que esta pudiese escapar.

GIGANTE DE LOS OCÉANOS
Se calcula que el cuerpo del megalodón medía hasta unos 20 metros de longitud. Desde hace 25 millones hasta hace 1.6 millones de años, no hubo otra criatura del océano lo suficiente fuerte para competir con este tiburón monstruo.

MORDIDA DE TAMAÑO GIGANTE
Las fauces del megalodón eran tan enormes que una persona podía estar de pie en su boca completamente abierta. Su mordida era tan poderosa que una vez que tenía una parte de su presa en la boca, como una aleta, habría sido prácticamente imposible que esta escapara. Con un apetito enorme y una mordida de este tamaño, las grandes ballenas habrían sido su presa predilecta.

MORDIDAS A DINOSAURIOS
El scualicorax era un tiburón con dientes muy filosos que aterrorizaba los mares del periodo Cretácico, alimentándose de pequeñas criaturas como el enchodus, un cierto tipo de pez prehistórico. Un hueso de una pata de un hadrosaurio se encontró con un diente de un scualicorax incrustado, lo que sugiere que al tiburón le encantaba comer carroña y alimentarse con los dinosaurios muertos que eran arrastrados hacia el mar.

CAZADORES DE CUELLO LARGO

Entre los monstruos con la apariencia más extraña de los mares prehistóricos se encontraba el elasmosaurio, una familia de plesiosaurios con cuellos muy largos, que vivió en las aguas del periodo Cretácico. Sus cabezas pequeñas estaban equipadas con dientes filosos que atrapaban incluso a las presas más veloces. Sus estómagos enormes eran evidencia de un apetito voraz.

VIENTRE PESADO
El elasmosaurio, como otros plesiosaurios, comía piedras. Estas se llaman gastrolitos. Su peso quizá haya contribuido a mantener estabilizado su cuerpo con forma de barril.

PIEDRAS EN EL VIENTRE
Sabemos que el elasmosaurio comía piedras porque estas se han encontrado en los fósiles de estas criaturas. Los gastrolitos deben haber ayudado con su digestión, ya que cuando el elasmosaurio se movía, las piedras golpeaban el alimento que había comido y lo molían.

ALETAS PODEROSAS
A pesar de que los elasmosaurios parecían ser torpes, eran capaces de mover sus cuerpos arriba y abajo en una especie de movimiento como de una ola, similar a un pingüino nadando, y movilizar sus aletas rígidas como si volaran a través del océano. Las aletas frontales se utilizaban para controlar la dirección, mientras que las traseras producían la fuerza para impulsar sus enormes cuerpos con lentitud a través del agua.

INFORMACIÓN VITAL

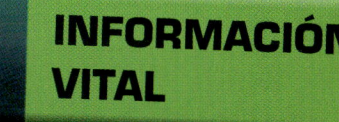

ELASMOSAURIO

Significado del nombre: Lagarto cinta.

Familia: *Elasmosauridae*.

Periodo: Cretácico superior.

Tamaño: 12 metros de longitud.

Peso del fósil: 2000 kilos.

Dieta: Peces.

ESTIRA TU CUELLO

El albertonectes, un tipo de dinosaurio marino, tenía un cuello de siete metros de largo, más largo que el de cualquier otro plesiosaurio conocido. Poseía 76 vértebras en el cuello, mientras que los mamíferos, incluidas las jirafas, solamente tienen siete. Tal cuello tan largo le permitía atrapar a su presa sin tener que nadar muy lejos.

COMEDORES FURTIVOS

El cuello del elasmosaurio, un tipo de plesiosaurio, era tan largo que, en un principio, los científicos creyeron que los fósiles de su cuello eran parte de una cola. El largo cuello y la pequeña cabeza del elasmosaurio eran perfectos para acercarse con sigilo a los bancos de peces para comerse a estos. El elasmosaurio se estiraba para atrapar a los peces, mientras mantenía su voluminoso cuerpo bien escondido en aguas profundas y turbias. Los dientes largos y delgados que sobresalían de su trompa eran como picos.

EL LIOPLEURODÓN

TIRANO DEL JURÁSICO

El liopleurodón se encuentra entre los más grandes vertebrados devoradores de peces que hayan existido. Era un plesiosaurio de cuello corto, un voraz carnívoro y un gran cazador, que merodeaba en los mares del periodo Jurásico en busca de peces y otro tipo de vida marina, tal como los ictiosaurios y los calamares.

La posición de las fosas nasales del liopleurodón sugiere que estas se utilizaban para olfatear, no para respirar. Es probable que este depredador usara su sentido del olfato para encontrar a su siguiente alimento, quizá percibiendo la presencia de carne o sangre desde grandes distancias. Sus cuatro poderosas aletas le deben haber proporcionado una buena oportunidad de ganar una persecución y su aceleración rápida debe haber sido ideal para emboscar a su presa.

MORDIDA DE TIRANOSAURIO REX

Con unos dientes del tamaño de un tiranosaurio rex, el liopleurodón podía asestar mordidas mortales, arrancando la carne o engullendo al pez entero. Algunos de sus dientes eran de 20 centímetros de largo, el tamaño de los pepinos, y sobresalían al frente de su trompa como una inmisericorde trampa para animales. La enorme cabeza era una quinta parte del largo de su cuerpo y contenía unas fauces lo bastante poderosas para mantener atrapado a un ictiosaurio que luchaba por su vida. Algunos expertos creen que nadaba con su hocico abierto, atrapando cualquier pez o calamar que se cruzara en su camino.

EL LIOPLEURODÓN CONTRA EL TIRANOSAURIO REX

	LIOPLEURODÓN	TIRANOSAURIO REX
LONGITUD	18 m	12 m
PESO	25 toneladas	7.7 toneladas
MANDÍBULA	3 m o más	1.2 m
PRESA	Peces y otros	Carne
PERIODO	Jurásico medio	Cretácico superior

NADADORES PODEROSOS

Los pliosaurios eran primos de los plesiosaurios, con cuellos cortos, cabezas grandes y enormes fauces con numerosos dientes. Tenían un tamaño que abarcaba de los cuatro a los 15 metros de largo y sus presas eran peces, tiburones, dinosaurios y otros reptiles marinos.

EL TITÁN DE LOS MARES

Entre los más grandes pliosaurios estaba el cronosaurio. Recibió este nombre en honor del titán griego Cronos. Su enorme cabeza, su cuello robusto y sus filosos dientes evocan el terrible poder de un gigante mítico. Su enorme cráneo plano era una tercera parte del largo de su cuerpo y era mayor que el cráneo de cualquier otro reptil marino conocido. Las mandíbulas en punta escondían unos dientes traseros redondeados pero mortales, los cuales podían aplastar los caparazones de las amonitas y las tortugas.

CRIATURA MUSCULOSA

Existe evidencia de que el cronosaurio poseía fuertes músculos para nadar, así que es probable que fuera muy veloz y ágil en el agua a pesar de su cuerpo voluminoso.

¿CAZADORES DE DINOSAURIOS?

El pliosaurio era otro gigante marino. Los científicos calculan que sus mandíbulas habrían sido capaces de morder con más fuerza que las de un tiranosaurio rex. El tamaño de sus dientes y la fuerza de sus mandíbulas sugieren que podría haber tenido la fuerza para atrapar dinosaurios desde la playa y devorarlos. Es un hecho que se han encontrado huesos de dinosaurios en los estómagos de algunos pliosaurios. Sin embargo, estos podrían haber sido de cadáveres de dinosaurios putrefactos, transportados por la marea o por la corriente de un río hacia el océano.

DETECTIVES DE MONSTRUOS MARINOS

En ocasiones, se han descubierto únicamente unas pocas partes de un monstruo marino. Averiguar a qué sitio pertenece cada parte puede ser un poco como armar un rompecabezas. Otro de los retos es clasificar a estas criaturas. Este es un trinacromerum, un tipo de plesiosaurio, pero en un principio fue erróneamente catalogado como otro diferente, una especie de plesiosaurio de apariencia similar llamada dolichorhynchops.

ICTIOSAURIOS

LAGARTOS PECES

Los ictiosaurios o "lagartos peces", se parecían un poco a los delfines, pero tenían más similitud con los tiburones asesinos. Estos reptiles cazadores del periodo Jurásico mostraban unas fauces aterradoras.

Los ictiosaurios y los excalibosaurios eran nadadores extraordinarios y muy bien adaptados para cazar una presa o buscar carroña si era necesario.

CAZADORES PARECIDOS A TIBURONES
El ictiosaurio medía unos dos metros de largo y tenía la forma de un delfín, pero su cola se parecía más a la de un tiburón. También vivía como un tiburón, cazando en mar abierto y aguas profundas. Las largas mandíbulas, repletas de dientes, atrapaban mariscos, peces y calamares.

OJOS BRILLANTES
Los ojos del ictiosaurio eran muy grandes para poder captar toda la luz que se pudiera en las profundidades turbias del océano.

VELOCIDAD PARA CAZAR
Dos grupos de aletas y una aleta dorsal estabilizaban al ictiosaurio mientras nadaba. Se impulsaba a través del agua con coletazos de su cola y se movía con gran rapidez gracias a la forma aerodinámica de su cuerpo.

LABIO DE ESPADA

Algunos ictiosaurios, como el excalibosaurio, tenían una mandíbula superior larga, similar a una espada, y se parecía un poco a un pez espada. El excalibosaurio recibe su nombre de Excalibur, la mítica espada del rey Arturo. Su "espada" pudo haberse utilizado como una palanca de exploración para escarbar en busca de comida en el fondo del océano. O quizá se haya usado como un arma en algunos combates o para capturar a su presa. La parte de la mandíbula superior que se extendía más allá de la mandíbula inferior estaba provista con hileras de dientes que se dirigían hacia fuera, los cuales podrían haber sido mortíferos si se perforaba la carne de su presa o de algún reptil enemigo.

EL EXCALIBOSAURIO CONTRA EL PEZ ESPADA

	EXCALIBOSAURIO	PEZ ESPADA
LONGITUD	7 m	3 m
PESO	907 kg	650 kg
DIENTES	En mandíbula superior e inferior	Adultos sin dientes
PRESA	Peces y otros	Peces, calamares, pulpos
PERIODO	Jurásico superior	Época actual

COLMILLOS DE PECES

Los tiburones no eran los únicos peces prehistóricos mortíferos. Algunos, como el dunkleosteo, eran lo suficiente poderosos como para atacar y matar a un tiburón. Otros peces depredadores, como el enchodus, hacen que las pirañas de hoy en día se vean positivamente amigables.

BIEN PROTEGIDO
El dunkleosteo tenía placas protectoras duras para escudar su enorme cuerpo de diez metros de largo y tres toneladas de peso, en contra de otros cazadores en los mares del periodo Devónico. Las marcas de mordidas de estos peces sugieren que en ocasiones recurrían al canibalismo cuando era difícil encontrar otro tipo de comida.

REBANADORAS DE CARNE
En lugar de dientes, el dunkleosteo tenía placas de hueso rebanadoras de carne. Este pez mordía con gran fuerza con una parte de sus mandíbulas, atrapando incluso a una presa muy fuerte que luchara por su vida.

¡MANDÍBULAS!
El dunkleosteo tenía una mordida con mayor fuerza incluso que un gran tiburón blanco. Sus mandíbulas trituradoras de huesos tenían una fuerza de 500 kilos, más del doble de poderosas que la fuerza de una hiena. Las únicas criaturas conocidas que tienen mordidas más poderosas son unos pocos dinosaurios y cocodrilos.

ASESINOS CON DIENTES FILOSOS

El enchodus, que vivió a finales del Cretácico, casi podría ser confundido con un salmón o un arenque de nuestros días, excepto por su boca repleta de dientes enormes y filosos. Al frente de su boca había dos colmillos perforadores que podían crecer hasta seis centímetros de largo. Estos colmillos, junto con sus grandes ojos, lo convertían en un cazador formidable. Como muchas clases de peces, este podría haber vivido y cazado en grupos. Un grupo de estos monstruos con colmillos podría haber derrotado a criaturas marinas mucho mayores que ellos.

 DETECTIVES DE MONSTRUOS MARINOS

Se han creado modelos tridimensionales en computadora de monstruos marinos extintos, como el dunkleosteo, con el fin de descubrir más acerca de cómo se movían e incluso qué tan fuertes eran sus mordidas. Un modelo en computadora de un dunkleosteo reveló que podía abrir sus mandíbulas en solo una quinta parte de un segundo, lo suficiente rápido para crear una fuerza de succión capaz de jalar adentro de su boca a una presa que pasara cerca.

SÚPER COCODRILOS

Los pantanos, lagos, ríos y esteros del periodo Cretácico eran lugares peligrosos para que los recorrieran los pequeños animales terrestres. Incluso los enormes dinosaurios estaban en riesgo de sufrir un ataque sorpresa de uno de los cocodrilos gigantes que merodeaban por ahí. Las marcas de mordidas en los cuerpos de dinosaurios, incluyendo al enorme carnívoro albertosaurio, revelan el ataque de un deinosuchus, uno de los mayores cocodrilos que hayan existido en la Tierra.

Los cocodrilos prehistóricos eran probablemente más aterradores que los de nuestra época. Criaturas gigantes como los "súper cocodrilos", sarcosuchus y el deinosuchus (cuyo nombre significa "cocodrilo terrible"), se escondían en las aguas poco profundas, en espera de emboscar a su presa.

¡HORRENDO!

En alguna época, el deinosuchus fue llamado phobosuchus, que significa "cocodrilo horrible". Sus enormes mandíbulas contenían alrededor de 44 dientes filosos y tenía una horrenda mordida, más poderosa que la de algunos de los más grandes dinosaurios. Con un cuerpo de diez metros de longitud y un cráneo más largo que la altura de un ser humano, este monstruo debe haber tenido un apetito voraz, así que uno de los grandes dinosaurios debe haberle parecido un alimento tentador. Vivía en las bocas de los ríos, donde también devoraba tortugas y peces.

SÚPER COCODRILO

Con la longitud de un autobús y el peso de una ballena pequeña, el sarcosuchus, apodado "súper cocodrilo", era la mayor criatura tipo cocodrilo que se haya conocido alguna vez. Su tamaño era el doble de cualquier cocodrilo vivo en la actualidad. Sus dientes eran redondeados y construidos para atrapar a su presa y triturarla, no para dar mordidas. Es probable que se haya mantenido sumergido en ríos poco profundos, comiendo peces grandes y otras presas que rondaban por ahí. También podía haberse arrastrado en tierra firme para comerse los restos de una carroña que hubiera sobrado de una presa muerta por un dinosaurio. El sarcosuchus tenía una punta bulbosa al extremo de su hocico, denominada "ampolla". Los científicos no saben para qué se utilizaba, pero podría haberle ayudado a producir sonidos o a mejorar su sentido del olfato.

INFORMACIÓN VITAL

SARCOSUCHUS

Significado del nombre: Cocodrilo de carne.

Familia: *Pholidosauridae*.

Periodo: Cretácico inferior.

Tamaño: 12 metros de longitud.

Peso: De 9000 a 13 600 kilos.

Dieta: Peces y carroña.

GLOSARIO

Aerodinámico: Algo que tiene una forma diseñada para ofrecer la menor resistencia, lo que le permite moverse con facilidad a través de algo, por ejemplo, el agua, el aire, los bosques.

Aislamiento térmico: Una forma de mantener dentro el calor y fuera el frío.

Aleta dorsal: Una aleta en la parte superior que se eleva desde el lomo de un pez y que se utiliza para dirección y estabilidad.

Aletas: Extremidades utilizadas por las criaturas para nadar en el agua.

Almeja: Un molusco grande con dos partes principales en su concha, similar a una ostra.

Aserrado: Que tiene un filo dentado, como el de una sierra.

Branquias: Las partes del cuerpo de un pez que se utilizan para respirar.

Cadáver: El cuerpo de una criatura muerta.

Cadena alimenticia: Un grupo de organismos ordenados por categorías, con cada uno de ellos dependiente del siguiente como una fuente de alimento. Por ejemplo, un zorro se come a un ratón, el ratón se come a un insecto y el insecto se come a una planta.

Camuflaje: Marcas o patrones que ayudan a que algo se confunda en su entorno, de manera que no pueda ser visto con facilidad.

Carbonífero: Un periodo prehistórico cuando existían muchos pantanos y bosques. Tiempo después se formaron los combustibles fósiles a partir de los árboles y las plantas que murieron.

Carroña: La carne de una criatura que ha muerto, y también la fuente de comida para algunas aves y animales.

Collar: Un área con hueso alrededor del cuello de un dinosaurio.

Cresta: Una parte del cuerpo que sobresale de la cabeza de un animal y que puede servir como ornamento.

Cretácico: Un periodo prehistórico durante el cual vivieron los mamíferos y los dinosaurios gigantes y que finalizó con la extinción masiva de los dinosaurios hace 65 millones de años.

Depredador: Un animal que caza a otros animales para matarlos y comérselos.

Devónico: Un periodo prehistórico también conocido como la Era de los Peces, cuando los océanos eran calientes y se encontraban repletos de muchas clases de peces que evolucionaban.

Envergadura: La medida a través de las alas de un animal, como un ave o un pterosaurio, cuando estas alas se encuentran extendidas.

Época de reproducción: Son los meses en el año cuando las criaturas se reúnen para aparearse con el fin de tener crías.

Espinosaurios: Una familia de dinosaurios carnívoros de dos patas que vivieron en el periodo Cretácico.

Evolucionar: Cambiar en forma gradual con el paso del tiempo.

Extinto: Que ya no existe más.

Filtración: Extraer alimento, como peces diminutos del agua, al pasar esta a través de partes de la boca parecidas a filtros.

Flamingo: Un ave rosa o rojiza que vadea en el agua, y que tiene piernas largas y un cuello largo, así como un pico parecido al de un pato.

Fósil: Los restos de un organismo prehistórico preservados en la roca.

Hadrosaurios: Familia de dinosaurios herbívoros, también conocidos como dinosaurios ornitorrincos debido a sus trompas similares a picos.

Herbívoro: Un animal que come plantas.

Hibernación: Pasar el invierno en un estado inactivo y durmiendo.

Ictiosaurio: Un grupo de grandes reptiles marinos que tienen apariencia de delfines.

Invertebrado: Una criatura sin una columna vertebral, tal como un gusano, un calamar o un insecto.

Jurásico: Un periodo prehistórico en el cual vivieron muchos dinosaurios grandes. También se le denomina la Era de los Reptiles.

Mosasaurio: Un carnívoro marino gigante, familia de los reptiles, que tiene cuatro extremidades en forma de remos para nadar.

Omnívoro: Que sigue una dieta de plantas y carne.

Paleontólogo: Un científico que estudia los fósiles de los animales y las plantas.

Paquicefalosaurio: Una familia de dinosaurios de dos patas que tenían cráneos muy gruesos, en ocasiones en forma de domo.

Pastar: Alimentarse de plantas de poco crecimiento.

Placas óseas: Secciones de hueso en la superficie de un dinosaurio que le proporcionaban protección. Algunas placas se elevaban de la columna vertebral, como en el estegosaurio.

Plesiosaurio: Un grupo de reptiles que evolucionaron para vivir en el mar y que utilizaban extremidades parecidas a remos para nadar.

Presa: Un animal que es cazado por otros animales como alimento.

Pterosaurios: Un grupo de reptiles voladores que estaban estrechamente relacionados con los dinosaurios.

Ramonear: Alimentarse (un animal herbívoro) de retoños, hojas y otras plantas.

Reptiles: Animales de sangre fría que por lo general ponen huevos y tienen escamas.

Saurópodos: Un grupo de dinosaurios herbívoros, gigantes, de cuatro patas, con cabezas pequeñas, cuellos largos y colas.

Terópodos: Un grupo de dinosaurios principalmente carnívoros, de dos patas, como el tiranosaurio rex y el giganotosaurio.

Titanosaurio: Un tipo de saurópodo enorme.

Triásico: Un periodo prehistórico durante el cual evolucionaron los primeros dinosaurios y mamíferos.

Vertebrado: Una criatura con una columna vertebral, como un ave, un mamífero o un reptil.

ÍNDICE TEMÁTICO

A
Albertonectes 115
Albertosaurio 45, 47, 57, 80, 124
Alosaurio 27, 40, 45, 54
Amargasaurio 18
Amonita 108–109, 110, 118
Ampelosaurio 60
Anhanguera 102, 103
Anquilosaurio 19, 46, 47, 56, 57, 85
Apatosaurio 19, 40, 79
Argentinosaurio 31, 68, 69
Arqueopterix 24, 25, 104, 105

B
Baryonyx 42–43
Braquiosaurio, 78

C
Cameroceras 110–111
Carnotauro 36–37
Caudipterix 24
Centrosaurio 50, 51, 64
Coahuilaceratops 84, 85
Compsognathus 4, 70
Cronosaurio 118

D
Dimetrodón 14, 15
Dimorfodón 94–95
Dunkleosteo 122, 123

E
Elasmosaurio 114, 115
Enchodus 113, 122, 123
Esmilodón 22
Espinosaurio 4, 9, 27, 42, 72, 73
Estegoceras 52
Estegosaurio 40, 54–55
Estiracosaurio 50
Estrutiomimo 80, 81
Excalibosaurio 120, 121

G
Giganotosaurio 18, 30–31, 66, 67, 73, 74

H
Hadrosaurio 4, 38, 45, 58, 62, 83, 106, 113
Herrerasaurio 16, 17
Hesperonychus 27
Hildoceras 108
Hipselosaurio 78, 79

I
Ictiosaurio 106, 116, 117, 120, 121
Ictiostega 13
Iguanodonte 42, 43

L
Liopleurodón 116–117

M
Megalodón 112–113
Microraptor 70, 71

N
Nictosaurio 100–101

P
Paquicefalosaurio 52, 53
Parasaurolophus 58, 59
Plesiosaurio 106, 114–116, 118, 119
Pliosaurio 118, 119
Protoceratops 35, 44, 64, 65
Pteranodonte 90–91
Pterodáctilo 86, 88, 90
Pterodaustro 92, 93
Pterosaurio 5, 86–90, 92–94, 96, 97, 100–103

Q
Quetzalcoatlus 98–99

R
Ramfarincoideo 86, 88, 89, 96–97
Ranforrinco 88

S
Saltasaurio 69
Sarcosuchus 124–125
Sauroposeidón 76, 77
Saurosuchus 17
Scualicorax 113
Sinornitosaurio 41
Sinosauropterix 63, 104
Sordes 97
Supersaurio 76, 77

T
Tapejara 101
Tarascosaurio 60
Tecodontosaurio 17
Terizinosaurio 82–83
Tilosaurio 106
Tiranosaurio rex 4, 9, 18, 26, 28–30, 36, 48, 62, 67, 73–75, 78, 117, 119
Triceratops 4, 48–49, 64, 65, 84
Trilobites 108, 109
Troodon 38–39

U
Utahraptor 32–34, 57, 82, 83

V
Velociraptor 35, 44, 65